# 财务管理与创新

施 玉 张 伟 李励琨 著

中华工商联合出版社

**图书在版编目（CIP）数据**

财务管理与创新/施玉，张伟，李励琨著. --北京：中华工商联合出版社，2023.7

ISBN 978-7-5158-3715-4

Ⅰ. ①财… Ⅱ. ①施…②张…③李… Ⅲ. ①财务管理 Ⅳ. ①F275

中国国家版本馆 CIP 数据核字（2023）第 124746 号

财务管理与创新

| | |
|---|---|
| 作 者： | 施 玉 张 伟 李励琨 |
| 出 品 人： | 刘 刚 |
| 责任编辑： | 李红霞 孟 丹 |
| 装帧设计： | 程国川 |
| 责任审读： | 付德华 |
| 责任印刷： | 陈德松 |
| 出版发行： | 中华工商联合出版社有限责任公司 |
| 印 刷： | 北京毅峰迅捷印刷有限公司 |
| 版 次： | 2023 年 7 月第 1 版 |
| 印 次： | 2023 年 7 月第 1 次印刷 |
| 开 本： | 710mm×1000mm 1/16 |
| 字 数： | 261 千字 |
| 印 张： | 14.5 |
| 书 号： | ISBN 978-7-5158-3715-4 |
| 定 价： | 68.00 元 |

服务热线：010-58301130-0（前台）
销售热线：010-58302977（网点部）
　　　　　010-58302166（门店部）
　　　　　010-58302837（馆配部、新媒体部）
　　　　　010-58302813（团购部）
地址邮寄：北京市西城区西环广场 A 座
　　　　　19-20 层，100044
http：//www.chgslcbs.cn
投稿热线：010-58302907（总编室）

# 前　　言

　　财务是企业价值运动的中枢，管理是企业机体运动的润滑剂，财务管理是企业内部经营管理的重要组成部分，企业整个机体运行的任何细微变化都能从企业财务活动中显露出来。因此，财务管理工作对于企业来说非常重要。财务管理是一门以研究企业组织财务活动、处理财务关系为基础，以资金时间价值观念为前提，以有效提高财务决策水平和增强财务决策科学化为目标的综合型、应用型学科。近年来作为企业管理中心的财务管理越来越受到理论界和实务界的重视，吸引了大批学者对财务管理理论与实务进行深入研究。

　　随着科技的进步、经济的发展、各种先进技术的应用，财务管理在研究方法、解决问题的方式、财务决策手段等方面都发生了很大的改变。财务管理环境的变化，不仅给企业财务管理实践提出了新的挑战，而且使财务管理理论研究遇到了许多新的课题。企业财务管理是企业健康发展的重要因素，新时代背景下企业财务管理面临着更多的问题，创新是企业财务管理工作的必然选择。

　　本书立足我国企业财务管理实践，以财务管理目标为价值导向，以现代企业财务管理的理论和方法为宗旨，结合财务管理学科的发展与企业财务管理实务，系统阐述了财务管理与创新的相关知识。希望本书的出版能为财务管理相关人员提供一些新的思路。

　　在书稿撰写过程中，作者参考和借鉴了大量国内外相关专著、论文等理论研究成果，在此向其作者致以诚挚的谢意。同时由于时间仓促、作者能力有限等原因而导致本书出现的疏漏之处，也恳请专家、读者批评指正。

# 目　录

# 第一章　财务管理概述

## 第一节　财务管理的内涵和目标

### 一、财务管理的内涵

财务管理是企业管理的重要组成部分，在企业管理中具有十分重要的地位和作用。财务管理水平的高低、财务状况的好坏关系到企业的生存和发展。

（一）财务管理的定义

财务管理是指财务管理的主体（企业或公司）以客观存在的财务活动和财务关系为基础，在一定的环境下，遵循一定的原则，运用科学的方法和手段，通过对财务活动和财务关系的组织与处理，以实现价值最大化为目标而进行的经济管理活动。

（二）财务管理的特点

1. 管理的侧重性

财务管理与企业其他各项管理工作相比更侧重于价值管理，而非使用价值管理。这一特点在组织财务活动和处理财务关系的过程中体现得尤为明显。

2. 管理的综合性

综合性的特点一方面表现为相关财务指标具有很强的综合性，另一方面表现为财务管理的工作环节（职能）需要相互配合，同时也表现为财务管理工作与企业其他管理工作的相互配合。

3. 管理的协调性

从组织财务活动来看，资金筹集是前提基础，资金运用是过程手段，获取收益是根本目的。筹资为投资提供保障，投资为获利和分配奠定基础，三者间表现出高度的协调性。从处理财务关系来看，企业与各方面之间都存在一定的经济利益关系，不同的利益主体因企业的共同利益组合在一起，表现出较强的协调性。

# 二、财务管理的目标

财务管理目标又称理财目标，是企业进行财务管理活动所要达到的目的，是企业财务管理工作的根本出发点和归宿，也是评价企业财务活动是否合理的标准。从根本上讲，财务管理目标取决于企业目标和特定的社会经济模式。

## （一）财务管理目标的作用和特征

### 1. 财务管理目标的作用

财务管理目标的作用可以概括为以下四个方面：

（1）导向作用

管理是为了达到某一目的而组织和协调集体所做努力的过程，理财目标的首要作用就在于为各层次的管理者指明努力的方向。

（2）激励作用

制定恰当的目标是激励企业全体员工的力量源泉，每个职工只有在明确的企业目标的激励下才能被充分调动潜在能力，为企业贡献出最佳的绩效。

（3）凝聚作用

企业是一个协作系统，只有增强全体成员的凝聚力，才能更好地发挥组织的作用。企业凝聚力的大小受到多种因素的影响，其中一个重要因素就是它的目标。企业的目标能充分体现全体职工的共同利益，就会极大地激发企业职工的生产经营积极性和创造力，形成强大的凝聚力。

（4）考核作用

在管理不够规范的企业中，上级领导往往凭借主观印象和对下级工作的粗略了解作为考核下级业绩的依据。这样不够客观也不科学，以明确的目标作为绩效考核的标准，就能按职工的实际贡献大小如实地进行评价。

## 2. 财务管理目标的特征

### (1) 阶段性

企业财务管理的目标是与当时的社会经济环境密切相关的。环境因素的变化往往会引起财务管理目标的变化。我国企业的财务管理目标实际上也经历了一个渐进的发展阶段。在计划经济体制下，企业围绕国家下达的产值指标运营财务管理目标，可以概括为"产值最大化"。改革开放后，企业财务管理围绕利润进行财务管理的目标是"利润最大化"。随着企业改革的深化，企业逐渐成为自主经营、自负盈亏、独立核算的独立法人，企业在追求利润的同时还必须考虑企业风险的大小，考虑利润与资金占用、成本耗费之间的关系，因而企业财务管理目标开始转向"企业价值最大化"。这些说法在总体上都是以提高经济效益为中心，但在侧重点上又有所不同。值得强调的是，财务管理目标作为人们对客观规律的一种概括，其发展变化是渐进的。当财务管理目标发展到一定阶段以后，人们在取得共识和普遍接受的过程中，将不断寻求理财目标的新高度。

### (2) 可操作性

财务管理目标是制订经济指标并进行分解、实现员工自我控制、进行科学的绩效考评的主要依据，因此其必须具有可操作性的特征。具体包括以下三个方面：

第一，可计量性。财务管理目标的提出既要有定性的分析判断，又要有定量化的标准，这样才便于实施。在实践中不能以切实可行的量化指标来表现理财目标，既起不到有效的激励作用，企业的员工也不会接受。

第二，可以追溯。理财目标应该最终可以追溯到有关管理部门和人员，这样才便于落实指标，检查责任履行情况，制定整改措施。

第三，可以控制。企业的财务管理目标及分解落实到各部门、各单位的具体目标，应该使企业和各部门、各单位自身能够控制或施加影响，若超出他们的控制范围，这种目标将形同虚设。

（3）层次性

财务管理目标的层次性是指财务管理目标按一定标准可划分为若干层次。财务管理目标之所以具有层次性是由企业财务管理内容和方法的多样性及它们相互关系上的层次性决定的。财务管理目标按其涉及的范围大小，可分为总体目标和具体目标。总体目标是指整个企业财务管理所要达到的目标，决定着整个财务管理过程的发展方向，是企业财务活动的出发点和归宿。具体目标是指在总体目标的制约下，从事某一部分财务活动所要达到的目标。总体目标是各个具体目标的集中体现，具体目标是总体目标的明细化。财务管理总体目标是企业各项财务活动的共同目标，对具体目标起着主导作用、支配作用，因而又称为财务管理的主导目标、基本目标。财务管理的具体目标对总体目标的实现有配合作用，所以又称辅助目标。

（4）多元性

财务管理目标的多元性是指财务管理目标不是单一的，而是多种目标组成的综合性群体。由于企业财务管理涉及财务活动的各方面和财务管理各环节并都具有特定的目标，这些目标反映了不同的财务活动处于不同的财务关系之中，这就形成了财务管理目标的多元性。包括企业筹资目标、投资目标、资金营运目标、股利政策目标等。

## （二）财务管理总体目标

确定何为财务管理的总体目标取决于人们对企业财务管理目标科学性的认识程度。我国财务管理理论界和实务界积极地探讨了能具体应用的理财目标，提出了许多不同的观点，归纳起来主要有以下三类：

### 1. 利润最大化

利润最大化是西方微观经济学的理论基础。西方经济学家和企业家长期以来都是以利润最大化作为企业的经营目标和财务目标。假定在企业的投资预期收益确定的情况下，财务管理行为将朝着有利于企业利润最大化的方向发展。企业财务管理的目标是获得最大的利润，而且利润总额越大越好。

　　将利润最大化作为企业财务目标是符合经济学基本规律的，也使企业财务管理具有一定程度的现代理财属性。在市场经济环境中，投资者出资开办企业最直接的目的就是追求利润。利润最大化的理财目标，不仅体现了企业经济效益和股东投资回报的高低、企业对国家的贡献，而且和职工的利益息息相关。同时获得利润是企业补充资本、扩大经营规模的源泉，是使企业不断发展的基本前提。因此以利润最大化作为企业财务管理目标具有一定的现实意义。

　　但是，以利润最大化作为企业财务管理目标仍存在着以下重大缺陷：这里的"利润"是指企业一定时期内实现的利润总额，没有考虑资金的时间价值；没有反映创造的利润与投入的资本之间的关系，不利于不同资本规模的企业或同一企业不同时期之间的比较；没有考虑风险因素，高额利润往往要承担较大的风险，片面追求利润可能导致公司不顾风险大小追逐高额利润；片面追求利润最大化，可能导致企业短期行为，如忽视产品开发、人才开发、生产安全、技术装备水平、生活福利设施、履行社会责任等，从而对公司长期健康发展造成不良影响。

### 2. 股东财富最大化

　　股东财富最大化是指企业财务管理以实现股东财富最大化为目标。在上市公司中，股东财富是由其所拥有的股票数量和股票市场价格两方面决定的。在股票数量一定时股票价格达到最高，股东财富也就达到最大。与利润最大化相比，股东财富最大化的主要优点有以下几个方面：第一，考虑了风险因素，因为通常股价会对风险做出较敏感的反应。第二，在一定程度上能避免企业短期行为，因为不仅目前的利润会影响股票价格，预期未来的利润同样会对股价产生重要影响。第三，对上市公司而言，股东财富最大化目标比较容易量化，便于考核和奖惩。

　　但以股东财富最大化作为理财目标也存在以下缺点：第一，通常只适用于上市公司，非上市公司难以应用。因为非上市公司无法像上市公司一样随时准确获取公司股价。第二，股价受众多因素影响，特别是企业外部的因素，有些还可能是非正常因素。股价不能完全准确反映企业财务管理状况，如有的上市公司处于破产的边缘，但由于可能存在某些机会，其股票市价可能还在走高。第三，股东财富最大化更多强调的是股东利益，而对其他相关者的利益重视不够。

### 3. 企业价值最大化

企业价值最大化是指企业通过合理经营，采用最优的财务政策，在考虑货币时间价值和风险报酬的情况下不断增加企业财富，使企业总价值达到最大。通俗地讲，企业价值是指将企业如同一般商品一样拿到市场上去卖，看它值多少钱。企业虽不是一般意义的商品，但也可以被买卖。要买卖必然要对企业进行市场评价，通过市场评价来确定企业的市场价值或企业价值。在进行企业评价时，看重的不是企业已经获得的利润水平而是企业未来的获利能力。因此企业价值不是企业账面资产的总价值，而是企业全部资产的市场价值，它反映了企业潜在或预期的获利能力。

投资者在评价企业价值时是以投资者预期投资时间为起点的，并将未来收入按预期投资时间以同一口径进行折现。可见，这种计算办法考虑了资金的时间价值和风险价值。企业所得的收益越多，实现收益的时间越近，应得的报酬越确定，则企业的价值或股东财富越大。以企业价值最大化作为企业财务管理目标，该观点有如下优点：

（1）资金的时间价值和风险价值

考虑了资金的时间价值和风险价值，符合财务管理的两大基础理财观念，有利于获利期限结构的优化和风险投资项目的组合决策。

（2）企业长期稳定的盈利能力

该目标反映了对企业长期稳定的盈利能力的要求，符合投资者对资本保值增值的深层次的认识，既有利于克服管理上的"短视病"，同时也是企业抵御风险能力的表现。

（3）社会资源的合理配置

该目标有利于社会资源的合理配置，各种有效资源总是流向企业价值最大化的企业或行业，这有利于实现全社会效益的最大化。企业价值最大化目标是一个抽象的目标，实践证明其也不尽完善，在运用时存在以下缺陷：第一，对于股票上市企业，虽可通过股票价格的变动来揭示企业价值，但股价是受多种因素影响的结果，特别在即期市场上的股价不一定能够直接揭示企业的获利能力，只有长期趋势才能做到这一点。第二，为控股或稳定上下游企业之间的购销关系，现代企业很多情况下采用环形持股的方式，因此企业股权结构中法人股的比重较高，但法人股对股票市价的敏感程度远不及个人股，对股价最大化目标没有足够兴趣。第三，对非上市企业来说，企业价值的确定只能通过对企业进行专门评估（如资产评估）的办法，而在评估企业的资产时，由于受到评估人员主观因素、评估标准和评估方式等因素的影响，这种评估价往往不够准确、客观。

值得说明的是，基于企业价值最大化的财务管理目标更能揭示市场经济条件下财务管理的特征，体现财务活动规律，所以这一目标在西方通常被认为是一个较为合理的财务管理目标。

### 4．相关者利益最大化

现代企业是多边契约关系的总和，要确立科学的财务管理目标，需要考虑哪些利益关系会对企业发展产生影响。在市场经济中，企业的理财主体更加细化和多元化。股东作为企业所有者，在企业中拥有最高的权力，也承担着最大的义务和风险，但债权人、员工、企业经营者、客户、供应商和政府也为企业承担着风险。因此，企业的利益相关者不仅包括股东还包括债权人、员工、企业经营者、客户、供应商、政府等。在确定企业财务管理目标时，不能忽视这些相关利益群体的利益。

相关者利益最大化目标的具体内容包括以下几个方面：第一，强调风险与报酬的均衡，将风险限制在企业可以承受的范围内。第二，强调股东的首要地位，并强调企业与股东之间的协调关系。第三，强调对代理人即企业经营者的监督和控制，建立有效的激励机制，以便企业战略目标的顺利实施。第四，关心企业普通员工的利益，创造优美和谐的工作环境和提供合理适当的福利，培养员工对企业的忠诚度。第五，不断加强与债权人的合作关系，培养可靠的资金供应者。第六，关心客户的长期利益，以便保持销售收入的长期稳定增长。第七，加强与供应商的协作，共同面对市场竞争并注重建立企业的商誉。第八，保持与政府部门的良好关系。

以相关者利益最大化作为财务管理目标，具有以下优点：

（1）有利于企业长期稳定发展

这一目标注重考虑企业与各利益相关者的财务关系。在追求长期稳定发展的过程中，站在企业的角度上进行投资研究，避免了只站在股东的角度进行投资可能导致的一系列问题。

（2）体现了合作共赢的价值理念，有利于实现企业经济效益和社会效益的统一

由于兼顾了企业、股东、政府、员工、客户等利益相关者的利益，企业就不仅仅是一个单纯牟利的组织，还承担了一定的社会责任。企业在寻求其自身的发展和利益最大化过程中由于需要维护客户及其他利益相关者的利益，就会依法经营，自觉维护和保障国家、集体和社会公众的合法权益。

（3）利益最大化目标

相关者利益最大化目标是一个多元化、多层次的目标体系，较好地兼顾了各利益主体的利益。这一目标可使企业各利益主体相互作用、相互协调并使企业利益、股东利益和其他相关者利益达到最大化。

（4）前瞻性和现实性的统一

体现了前瞻性和现实性的统一。企业作为利益相关者之一，其评价指标可以是未来企业报酬贴现值；股东的评价指标可以使用股票市价；债权人利益评价可以考虑风险和利息；员工利益评价可以使用工资福利；政府利益评价指标可以考虑社会效益等。不同的利益相关者有各自的利益评价指标，只要合法合理、互惠共赢，就可实现所有相关者利益最大化。

（三）实现财务管理目标的矛盾与协调

股东和债权人都为企业提供了财务资源，但是他们处在企业之外，

只有经营者在企业内部直接从事财务管理工作，股东、经营者、债权人之间构成了企业最重要的财务关系。但经营者和股东、债权人之间的信息不对称，导致了代理问题。

1. 所有者与经营者之间的矛盾与协调

对所有者来说，他所放弃的利益就是经营者所得到的利益。这种放弃的利益在西方被称为所有者支付给经营者的享受成本。因此，所有者与经营者的主要矛盾就是经营者希望在提高企业价值和所有者财富的同时能够更多地增加享受成本（如增加报酬、增加闲暇时间和避免风险）；而所有者则希望以较小的享受成本支出带来较高的企业价值和所有者财富。企业通常采用的用来协调所有者与经营者之间矛盾的措施有如下几种：

（1）监督

这是一种通过所有者来约束经营者的措施。所有者对经营者进行监督，如果经营者未能实现企业价值最大化的目标，就减少经营者的报酬，甚至解聘他们。经营者由于害怕被解聘而尽力实现财务管理的目标。但是，全面进行监督实际上是行不通的。股东是分散的或远离经营者的，得不到充分的信息，并且经营者比股东有更大的管理优势，比股东更清楚什么是对企业更有利的行动方案。全面监督管理行为的代价是很高的，很可能超过它所带来的收益。因此，监督虽然可以减少经营者违背股东意愿的行为，但不能解决全部问题。

（2）被兼并或收购

这是一种通过市场来约束经营者的措施。如果经营者决策失误经营无力，未能采取一切有效措施使企业价值提高，该公司就可能被其他企业强行接收或兼并，经营者也相应被解聘，为此经营者必须采取措施提高企业价值。

（3）激励

激励是把经营者的报酬同其绩效挂钩以使经营者更加自觉地采取满足企业价值最大化的措施。激励有以下两种基本方式：一是股票选择权方式。即允许经营者以固定的价格购买一定数量的公司股票，股票的价格高于固定的价格越多，经营者所得的报酬越多。经营者为了获取更大的股票溢价，就必然采取能够提高股价的行动。二是绩效股方式。即企业运用每股利润、资产报酬率等指标来评价经营者的业绩，视其业绩大小给予经营者数量不等的股票作为报酬。这种方式使经营者不仅为了多得"绩效股"而不断采取措施提高企业的经营业绩，而且为了提高股票价格也会采取各种措施使股价稳定上升。

通常股东同时采取监督和激励等方法来协调自己和经营者之间的关系。尽管如此仍不能完全消除经营者为获得自己的利益而实施的一些不符合股东最大利益的决策，并由此给股东带来一定的损失。对股东来说，由此产生的监督成本、激励成本和偏离股东目标的损失之间此消彼长、相互制约。股东要权衡轻重，力求找出能使净收益最大化的最佳解决办法。

### 2. 所有者和债权人之间的矛盾与协调

当公司向债权人借入资金后，两者也形成一种委托代理关系。债权人把资金交给企业，其目的是到期收回本金并获得约定的利息收入；公司借款的目的是用于扩大经营，投入有风险的经营项目。两者的目标有分歧，通常这种目标的不一致表现为以下两种方式：

一是所有者不征得债权人的同意，投资于比债权人预期风险要更高的项目。如果高风险的计划侥幸成功，超额利润将被所有者独吞；如果计划不幸失败，公司无力偿债，债权人与所有者将共同承担由此造成的损失。这对债权人来说风险与收益是不对称的。

二是所有者为了提高公司的利润，不征得债权人的同意而迫使管理当局发行新债，致使旧债券的价值下降，使旧债权人蒙受损失。旧债券价值下降的原因是发新债后公司负债比重上升，公司破产的可能性增加。如果企业破产，旧债权人和新债权人要共同分配破产财产，使旧债券的风险增加，其价值下降。尤其是不能转让的债券或其他借款，债权人没有出售债权来摆脱困境的出路，处境更加不利。

债权人为了防止其利益被伤害，除了寻求立法保护，如破产时优先接管、优先于股东分配剩余财产等外，通常采取以下措施：第一，限制性借款。即在借款合同中加入某些限制性条款，如规定借款的用途、借款的担保条款和借款的信用条款等。第二，收回借款或不再借款。即当债权人发现企业有侵蚀其债权价值的意图时，采取提前收回债权或不再给企业重新放款的措施，从而保护债权人的利益。

# 第二节　财务管理的原则和环节

财务管理的原则又称理财原则，是指人们对财务活动共同的、理性的认识，它能够帮助人们理解常见的财务管理实务和新的复杂的情形，同时财务管理的原则也是联系财务管理理论和财务管理实务的纽带。

## 一、竞争的经济环境的原则

竞争的经济环境的原则是对资本市场中人的行为规律的基本认识。

### （一）自利行为原则：人们按照自己的财务利益行事

自利行为原则是指人们在进行决策时按照自己的财务利益行事，在其他情况相同的条件下，人们会选择对自己经济利益最有好处的行动。自利原则的依据是理性的经济人假设。该假设认为人们对每项预期的交易都能衡量其代价和利益，并且会选择对自己最有利的方案作为行动方案。自利原则假设企业决策人对企业目标具有合理的认识程度，并且对如何达到目标具有合理的理解。在这种假设情况下，企业会采取对自己最有利的行动。自利原则并不建议钱在每个人生活中是最重要的东西。但商业交易的目的在于获利，大部分商业互相影响是"公平"交易。在这些非人格化的交易中，从可供使用的资源中获得最大的利益是首要的考虑。

自利行为原则的一个重要的应用称为委托-代理理论。根据该理论，应当把企业看作各种自利人的集合。一个公司涉及的利益关系人包括普通股股东、债权人、银行、政府、社会公众、经理人员、员工、客户、供应商等。这些利益关系人都是按自利行为原则行事的，企业与各种利益关系人之间的关系，大部分都属于委托代理关系。这种相互依赖又相互冲突的利益关系需要通过"契约"来协调。契约包含明确契约和模糊契约两种，如企业与短期债权人之间定有在未来的特定日期支付特定金额的货币就属于明确契约；而员工承诺诚实和努力工作，经理承诺按股东最佳利益行事则属于模糊契约。

自利行为原则的另一个应用是机会成本和机会损失的理论。有竞争力的值得做的行动经常被采纳。当某人采取了一种行动时，这种行动就取消了其他可能的行动。一种行动的价值和最佳选择的价值之间的差异称为机会损失，被放弃的最佳行动的价值称为机会成本。

### （二）双方交易原则：每一项财务交易都至少存在两方

双方交易原则是指每一项财务交易都至少存在两方，在一方根据自己的经济利益决策时，另一方也会按照自己的经济利益行动，并且对方和自己一样智慧、勤奋和富有创造力。因此，在决策时要正确预见对方的反应，即不要以自我为中心，低估了竞争对手可能会导致失败。

双方交易原则的重要依据是商业交易的"零和博弈"。"零和博弈"是这样一种情形：一个人获利只能建立在另一个人付出的基础上。在这种情况下，我有所得，他方必有所失，反之亦然。一个高价格使购买方受损而卖方受益，一个低价格使购买方受益而卖方受损；一方得到的与另一方失去的恰好相等，从总体上看收益之和等于零，故称为"零和博弈"。在"零和博弈"中，双方都按照自利原则行事，谁都想获利而不愿受损失。那么为什么还会成交呢？原因在于信息的不对称。买卖双方由于信息的不对称，对金融市场产生了不同的预期。高估股票价值的人买进，低估股票价值的人卖出，直到市场价格与他们预期一致时交易停止。因此，在进行财务决策时，不要仅考虑自利原则，还要使对方有利，否则交易将无法进行。

双方交易原则的重要应用是公司收购。收购公司的经理对收购的目标公司经常支付超额的款项，他们判断出如此高价是因为他们认为目标公司的现行市场价格被低估。他们认为自己能够更好地管理目标公司，提高目标公司的获利能力，进而提高目标公司的价值。但实际经验表明，一家公司决定收购另一家公司的时候，多数情况下收购公司的股价不是提高而是降低了，这说明收购公司的出价太高，减低了本公司的价值。

双方交易原则也存在着特例"非零和博弈"商业交易。大部分"非零和博弈"商业交易来源于税收中的条款。政府是不请自来的交易第三方，凡是交易政府都要从中收取税金。减少政府的税收交易，双方都可以获益。避税就是寻求减少政府税收的合法交易形式。避税的结果使交易双方受益，但其他纳税人会承担更大的税收份额，从更大范围来看并没有改变"零和博弈"的性质。例如，免税的政府债券。政府债券的利息收入是免交所得税的，这使得政府可以按较低的利率发行债券，因为如果这种债券的利息需纳税的话，政府将以较高的利息才能发行出去；购买者也可通过购买免税的政府债券，获得比购买同种类型但需要全额纳税的其他债券更高的收益，双方均受益。这似乎并不表现为一种"零和博弈"。但考虑到其他更大范围的纳税人的话，则降低一组纳税人的税收可能导致其他纳税人承担政府运转资金的更大部分。

## （三）信号传递原则：行动传递信息

信号传递原则是自利行为原则的延伸，是指行动可以传递信息。当行动与公司宣告不一致时，行动比公司的声明更有说服力。由于人们或公司是遵循自利原则的，所以一项资产的买进能暗示出该资产"物有所值"，买进的行为提供了有关决策者对未来的预期或计划的信息。例如，一个公司决定进入一个新领域，反映出管理者对自己公司的实力及对新领域的未来前景充满信心。

信号传递原则要求根据公司的行为判断它未来的收益状况。一个经常用配股的办法找股东要钱的公司，很可能自身产生现金能力较差；一个大量购买国库券的公司很可能缺少净现值为正数的投资机会；内部持股人出售股份，常常是公司盈利能力恶化的重要信号。

当然，信号传递原则还要注意"逆向选择"的问题，即决策可能被误解从而提供出非公司真正要传递的信息。在资本市场上，每个人都在利用他人交易的信息，自己交易的信息也会被别人所利用，因此应考虑交易的信息效应。因此，在决定行动时不仅要考虑决策本身的收益和成本，还要考虑信息效应的收益和成本。

### （四）行为原则：当所有的方法都失败时，寻求其他的解决途径

行为原则是信号传递原则的直接运用。信号传递原则是说行动传递信息；而行为原则，简言之即"让我们试图使用这些信息"。所谓"当所有办法都失败"，是指我们的理解力存在局限性，不知道如何做对自己更有利；或者寻找最准确答案的成本过高，以至于不值得把问题完全搞清楚。在这种情况下，不要继续坚持采用正式的决策分析程序，包括收集信息、建立备选方案、采用模型评价方案等，而是直接模仿成功榜样或者大多数人的做法。

不要把行为原则简单看成是"盲目模仿"，它只有在两种情况下适用：一是理解存在局限性，认识能力有限找不到最优的解决办法；二是寻找最优方案的成本过高，即理论尽管能提供明确的解决办法，但收集必要信息的成本超过了潜在的利益。行为原则在实践中有时会发生运用不当的情况，为减少成本和风险，行为原则有一条重要的警告：它是一个次优化原则，其最好的结果就是得出近似最优的结论，最差的结果是模仿了别人的错误。尽管行为原则存在着潜在的不足，但在某些情况下它仍然是有用的。

行为原则的另一个重要应用就是"自由跟庄"。在竞争的环境下，一个"领头人"花费资源得出一个最佳的行动方案，其他"追随者"通过模仿节约了信息处理成本。

## 二、创造价值和经济效率的原则

创造价值和经济效率的原则是对增加企业财富基本规律的认识。

### （一）有价值的创意原则：新创意能获得额外报酬

有价值的创意原则是指新创意（如新专利、新功能、新包装、新产品、新的营销方式等）能转化成额外的正价值。竞争力理论认为，企业的竞争优势可以分为经营奇异和成本领先两方面。经营奇异是指产品本身、销售交货、营销渠道等客户广泛重视的方面在产业内独树一帜。任何独树一帜都来源于新的创意。创造和保持经营奇异性的企业，如果其

产品溢价超过了为产品的独特性而附加的成本，它就能获得高于平均水平的利润。

有价值的创意原则主要应用于直接投资项目。一个项目依靠什么才能取得大于零的净现值？它必须是一个有创意的资本预算。重复过去的投资项目或者别人的已有做法最多只能取得平均的报酬率，只能维持而不是增加股东财富。新的创意迟早要被人效仿，失去原有的优势，因此创新的优势都是暂时的。企业长期的优势只有通过一系列的短期优势才能维持。只有不断创新，才能维持经营的奇异性并不断增加股东财富。

### （二）比较优势原则：专长能创造价值

比较优势原则是指专长能创造价值。比较优势原则的一个应用是"物尽其用，人尽其才"。在有效的市场中，你不必要求自己什么都能做到最好，但要知道谁能做得更好。对于某一件事情，如果有人比你自己做得更好，就支付报酬让他代你去做。同时，你去做比别人做得更好的事情，这样每项工作就找到了最称职的人，就会产生经济效率。

比较优势原则要求企业把主要精力放在自己的比较优势上，而不是日常的运作上。建立和维持自己的比较优势，是企业长期获利的根本。

### （三）期权原则：期权是有价值的

期权是做某种事情的权利，没有任何义务即不附带义务的权利。换言之，它是指所有者（期权购买方）能够要求出票人（期权的出售者）履行期权合同上载明的交易，但是出票人不能要求所有者去做任何事情。对所有者来说，期权不会产生负价值，因为所有者总是可以决定什么都不做。在财务上，一个明确的期权合约经常是指按照预先设定的价格买卖一项资产的权利。

期权是广泛存在的，可能在许多情况下并不被人们所察觉，但事实上，有时一项资产附带的期权比该资产本身更有价值。例如，有限责任公司是一个法律概念，它表明一个资产所有者的财务责任被限定在一定范围内，即公司的股东具有有限责任。如果公司宣告破产，他们不会冒比其已经投资在股票上的资产更多资产的风险。破产在法律上对债权人提供了不能偿付的期权，也对股东提供了不必全额清偿负债的期权。这是一种有价值的期权。

### （四）净增效益原则：财务决策建立在净增效益的基础上

净增效益原则是指财务决策建立在未来净增效益的基础上，一项决策的价值取决于它和替代方案相比所增加的净收益。净增现金流量是指一项决策结果发生的现金流量减去没有这项决策发生的现金流量之差。

净增效益原则的一项应用是差额分析法，也就是在分析投资方案时，只分析它们有区别的部分而省略其相同的部分。一项新产品投产的决策引起的现金流量的变化，不仅包括新设备投资，还包括动用企业现有非货币资源对现金流量的影响；不仅包括新产品的销售收入，还包括对现有产品销售积极或消极的影响；不仅包括产品直接引起的现金流入和流出，还包括对公司的税务负担的影响等。净增效益原则初看似乎很容易理解，但实际贯彻起来需要非常清醒的头脑，需要周密地考察方案对企业现金流量总额直接和间接的影响。

净增效益原则的另一个应用是沉没成本问题。沉没成本是指已经发生、不会被以后的决策改变的成本。它不能改变未来的净增效益，因此与未来的决策毫无关系，在分析将要采纳的决策方案时应将其排除。

## 三、财务交易的原则

财务交易的原则是指从观察财务交易中得出的对于财务交易基本规律的认识。

### （一）风险-报酬权衡原则：在风险和报酬之间有一个对等关系

风险-报酬权衡原则是指高风险的背后必然隐藏着高报酬，低风险的投资机会必然只有较低的预期收益。在财务交易中，当其他一切条件相同时，人们倾向于高报酬和低风险。如果两个投资机会报酬水平不同，但风险程度相同，人们会选择报酬较高的投资机会，这是自利原则所决定的；如果两个投资项目风险程度不同，报酬水平相同，人们会选择风险小的项目，这是风险反感决定的。所谓"风险反感"，是指人们普遍有规避风险的态度，认为风险是不利的事情。

　　人们都倾向于高报酬和低风险，而且都在按照他们自己的经济利益行事，由此引发的竞争带来了风险和报酬之间的权衡。不可能在低风险的同时获得高报酬，因为这是每个人都想得到的。即使最先发现了这样的投资机会并率先行动，别人也会迅速跟进，竞争会使报酬率降至与风险相当的水平。因此，现实的市场中只有高风险同时高报酬和低风险同时低报酬的投资机会。要想获得巨大的收益就必须冒可能遭受巨大损失的风险，每个市场参与者都在它的风险和报酬之间权衡。有的人偏好风险，有的人厌恶风险，但市场最终带来的是风险与报酬的对等，不会让人们去冒没有价值的风险。

## （二）投资分散化原则：分散化是有利的

　　投资分散化原则是指不要把全部财富都投资于一个项目，而要分散投资。一个明智的投资者不会把它的全部财富都投资在同一个公司，那样就会使它的全部财富面对这个公司有可能倒闭的风险。如果投资分散在许多公司里，除非所有的公司都倒闭，否则不会失去全部投资。所有公司都倒闭的可能性比其中一个公司倒闭的可能性要小得多。这种广泛分布投资而不是集中投资的实务称为分散化。

　　投资分散化原则的理论依据是马科维茨（Harry M. Markowitz）的投资组合理论，该理论认为通过有效地进行证券投资组合便可消减证券风险，达到降低风险的目的。

　　分散化原则具有普遍意义，不仅仅适用于证券投资，公司日常产、供、销各项决策都应注意分散化原则。不应将公司的全部投资集中于个别项目、个别产品和个别行业；不应当把销售集中于少数客户；不应当使资源供应集中于个别供应商；重要的事情不要依赖一个人完成；重要的决策不要由一个人做出。凡是有风险的事项，都要贯彻分散化原则以降低风险。

## （三）资本市场效率原则：资本市场能迅速反映现有的信息

　　资本市场是指证券（如股票和债券）买卖的市场。资本市场效率原则是指在资本市场上频繁交易的金融资产的市场价格，反映了所有可获得的信息，而且面对新信息完全能迅速地做出调整。

资本市场的效率取决于新信息反映在每股价格上的速度。这种信息效率即价格完全反映新信息的速度和准确性，会受到交易成本和交易活动的障碍的影响。交易成本越低和交易活动的障碍越小，市场参与者对新信息的反应就越快和越容易，对反映新信息每股价格的调整也就越快。

资本市场效率原则要求理财时重视市场对企业的估价。资本市场犹如企业的一面镜子，又犹如企业行为的矫正器。股价可以综合反映公司的业绩，弄虚作假、人为地改变会计方法等，对于企业价值的提高毫无用处。当市场对公司的评价降低时，应理性分析公司的行为是否出了问题并设法改进，而不应设法欺骗市场。

### （四）货币时间价值原则：货币具有时间价值

货币时间价值原则是指在进行财务计量时要考虑时间价值因素。货币时间价值是指基于在再生产过程中运动着的价值，经过一定时间的投资与再投资所增加的价值。市场上一种普遍的客观经济现象是想让投资者把钱拿出来，市场必须给他一定的报酬。这种报酬包括两部分：一部分是无风险报酬，即资金的时间价值；另一部分是风险价值，即因为有风险而附加的投资报酬。

## 四、财务管理的环节

财务管理环节是指财务管理工作的各个阶段与一般程序，它包括财务管理的各种业务手段：财务预测、财务决策、财务预算、财务控制和财务分析。这些环节互相配合、紧密联系形成周而复始的财务管理循环过程，构成完整的财务管理工作体系。

### （一）财务预测

财务预测是根据财务活动的历史资料，考虑现实的要求和条件，对企业未来的财务活动和财务成果做出科学的预计和测算。做好财务预测工作，可以把握未来，明确方向。财务预测环节的主要任务是：测算各项生产经营方案的经济效益，为决策提供可靠的依据；预计财务收支的发展变化情况，以确定经营目标；测定各项定额和标准，为编制计划、分解计划指标服务。财务预测环节是在前一个财务管理循环的基础上进行的，它既是前后两个财务管理循环的联结点，又是财务预测环节的必要前提。财务预测环节的工作主要包括以下几个步骤：

### 1. 明确预测目标

财务预测的起点是明确预测目标，如降低成本、增加利润、加速资金周转、安排设备投资等。预测目标不同，则预测资料的搜集、预测模型的建立、预测方法的选择、预测结果的表现方式等也有不同的要求。

### 2. 搜集和整理资料

根据预测的目标，要广泛搜集有关资料，包括企业内部和外部资料、财务和生产技术资料、计划和统计资料、本年和以前年度资料等。对搜集来的资料要进行归类、汇总、调整等加工处理，使资料符合预测的要求。

### 3. 选择预测模型

常见的预测模型有时间序列预测模型、因果关系预测模型、回归分析预测模型等，进行财务预测时要根据影响预测目标的各相关因素之间的相互联系，选择相应的财务预测模型。

### 4. 实施财务预测

将经过整理的资料代入财务预测模型，采用适当的预测方法，进行定性、定量分析，确定预测结果。

## （二）财务决策

财务决策是指财务人员按照财务目标的总体要求，利用专门方法对各种备选方案进行比较分析并从中选出最佳方案的过程。在市场经济条件下，财务管理的核心是财务决策。在财务预测基础上进行的财务决策是编制财务计划、进行财务控制的基础。决策的成功是最大的成功，决策的失误是最大的失误，决策关系着企业的成败兴衰。财务决策环节的工作主要包括以下三个步骤。

### 1. 确定决策目标

根据企业经营目标在调查研究财务状况的基础上，确定财务决策的目标。

### 2．拟定备选方案

在预测未来有关因素的基础上，提出各种为达到财务决策目标而考虑的各种备选的行动方案。拟定备选方案时，对方案中决定现金流出、流入的各种因素，要做周密的分析和计算；拟定备选方案后，要充分研究各方案的可行性。

### 3．选择最优方案

备选方案提出后，根据一定的评价标准，采用有关的评价方法，评价各种方案的优劣或经济价值，全面权衡后从中选择一个预期效果最佳的财务决策方案。

### （三）财务预算

财务预算是指运用科学的技术手段和数量方法，对未来财务活动的内容及指标进行的具体规划。财务预算是以财务决策确立的方案和财务预测提供的信息为基础来编制的，既是财务预测和财务决策的具体化、系统化，又是控制财务收支活动、分析生产经营成果的依据。财务预算的编制一般包括以下三个步骤。

### 1．分析财务环境，确定预算指标

在分析了企业内外部所面临的财务环境的基础上，运用各种科学方法，确定突出决策目标的预算指标体系。

### 2．协调财务能力，组织综合平衡

要合理安排有效的人力、物力和财力，使之与企业目标的要求相适应。在协调财务能力方面要组织好流动资金与长期资金的结构平衡、资金运用与资金来源的平衡、现金流入与现金流出的平衡等。

### 3．选择预算方法，编制财务预算

财务预算的编制方法常见的有固定预算、弹性预算、增量预算、零基预算、定期预算和滚动预算。选择合理的预算方法有助于决策目标的实现。

### （四）财务控制

财务控制是在财务管理的过程中以财务预算为依据，利用有关信息和特定手段，对企业财务活动所施加的影响或进行的调节。财务控制是落实财务预算、保证预算任务实现的有效措施。财务控制一般要经过以下三个步骤。

1．制订控制标准，分解落实责任

按照责权利相结合的原则，将预算任务以标准或指标的形式分解落实到各责任中心。通过预算指标的分解，可以把预算任务变成各责任中心控制得住、实现得了的量化要求，这样便于落实责任、检查考核。

2．实施追踪控制，及时调整误差

不断将预算的实际执行情况与预算标准进行对比，确定差异的程度和性质，并考察可能出现的变动趋势，对不利的差异应及时发出预警信号，揭露生产经营过程中发生的矛盾。此外，要及时分析差异产生的原因，确定造成差异的责任归属，采取有效的措施及时进行调整，进而消除差异以便顺利实行财务预算指标。

3．分析执行情况，搞好考核奖惩

财务预算执行了一定时期后，企业应对各责任中心的预算执行情况进行评价，考核各项预算指标的执行情况，运用激励机制实行奖优罚劣。

（五）财务分析

财务分析是根据核算资料对企业财务活动过程及其结果进行分析和评价的一项工作。借助财务分析可以掌握各项财务预算的执行情况，有效评价财务状况，研究和掌握企业财务活动的规律性，改善财务预测、决策、预算和控制，改善企业管理水平，提高企业经济效益。财务分析包括以下四个步骤：

1．占有资料，掌握信息

开展财务分析首先应充分占有企业财务报告和相关资料、信息。

2．指标对比，揭露矛盾

对比分析是揭示先进与落后、节约与浪费、优势与劣势的基本方法。只有经过对比分析才能揭露矛盾、发现问题。财务分析就是通过数量指标的对比分析来评价业绩、发现问题的。

3．分析原因，明确责任

指标对比所发现的矛盾，应进行因素分析，即要查明影响财务指标完成的各项因素，并从各种因素的相互作用中找出影响财务指标完成的主要因素，以便分清责任、抓住关键。

4．提出措施，改进工作

在掌握了产生矛盾的原因的基础上，必须提出改进的措施。关于提出的改进措施应当明确具体，切实可行。措施一经确定，就要组织各方面的力量认真贯彻执行。通过改进措施的落实，推动财务管理工作不断步上新台阶。

关于财务管理的环节，值得强调的一点是：各个财务管理环节在每个经营周期内进行着从预测到分析的周而复始的循环，每个环节都处在财务管理循环的一定阶段，具有一定的先后顺序。财务预测、财务决策和财务预算属于事前管理环节，而财务分析属于事后管理环节。各管理环节的顺序不能加以颠倒，否则会混淆各管理环节的定位。

# 第三节　财务管理的理论结构分析

随着社会的发展，财务管理越来越受到人们的重视，在企业的管理和发展中发挥了很大的作用。

## 一、财务管理理论结构概述

财务管理理论是先在之前的财务管理实践的基础上进行归纳和总结，然后在实践中不断完善，得出系统化、科学化、合理化的财务管理指导思想，最终发展成为一套理论。财务管理理论可以使财务管理工作更具有科学性和有效性，从而发挥财务管理工作的最大作用。财务管理理论结构是指财务管理包含的几个大的方面及其重要性的先后顺序，以及这样排序的标准。

## 二、财务管理理论结构的构建

### (一) 财务管理理论的基础

财务管理理论的基础,主要是指财务管理环境、财务管理假设、财务管理目标这三者之间的关系和发展状况。财务管理环境是进行财务管理工作的逻辑起点,一切的财务管理工作都是围绕这个出发点开始的,也是以它为基础开展一切工作的;财务管理假设主要研究财务的主体以及市场投入与产出之间的比例,是构建财务管理理论结构不可缺少的组成部分;财务管理目标是指开展财务管理工作将要达到的目标或者目的,是在财务管理环境和财务管理假设的基础上建立的,对涉及财务管理的业务具有导向作用。财务管理目标既是对财务管理环境和财务管理假设的总结,又可以指导财务管理工作的开展。

### (二) 构建财务管理的基本理论

财务管理工作的开展需要遵循一定的原则和方法。财务管理的内容、财务管理的原则、财务管理的方法都是财务管理的基本理论,从这三个方面入手,可以保证财务管理理论的科学性和合理性。财务管理工作主要使用一定的针对企业筹资、投资、营运及分配等方面而开展。财务管理原则可以有效地约束财务管理工作的行为,可以使财务管理理论更加科学化、系统化。把财务管理的内容与财务管理的目标连接在一起,能够提高企业决策的正确性。

### (三) 建立财务管理通用业务理论

财务管理通用业务是指一般企业都具有的财务管理工作,属于比较大的范围。财务管理通用业务可以对企业的筹资、投资、营运等业务进行系统的总结和研究,可以指导财务管理向着正确的方向发展,可以为财务管理理论的建立提供强有力的事实依据,可以提高财务管理理论结构的科学性。财务管理理论结构的建立,实际上是为财务管理工作提供一个比较大的框架,任财务管理工作者在这个框架里发挥;同时,也为企业的财务管理中的资金支出情况做了系统分配,从而确保财务分配上存在着一种"公平性"。

# 第四节　财务管理的价值创造

　　财务管理是企业管理的重要组成部分，是实现企业价值最大化经营目标的重要手段。财务管理的价值创造能力越强，其在企业价值创造中的地位越高，为企业创造价值的效率和质量就越高，因此提升财务管理价值创造能力，有助于其更好地发挥价值创造作用，意义重大。

## 一、财务管理价值创造的内涵

　　财务管理的价值创造是通过一系列财务管理活动为企业创造价值，以期实现企业价值最大化。财务管理在企业价值创造过程中扮演着诸多角色，既可以直接创造价值，也可以以支持辅助的方式间接创造价值，还可以保护企业现有价值不受损害。

### （一）价值创造

　　财务管理可以通过多种方式来实现价值创造。一是通过投资、享受政府优惠补贴政策、开展理财活动等财务活动，直接为企业增加现金流或获取收益；二是通过统筹运用各项资源、集中管理资金、统一结售汇、税务筹划等方式，降低各项成本。

### （二）价值促进

　　财务管理可以通过辅助支持企业的各项价值创造活动来促进企业价值的提升。一是通过预算管理，合理配置企业资源；二是通过评价考核、薪酬激励、奖励惩罚等措施的执行，促使企业价值创造机能有效运行；三是进行财务分析，供管理参考、为决策服务，协助各项价值创造活动有序高效地开展。

### （三）价值保护

　　财务管理还可以采取财务措施保护企业价值不受损失。一是通过内部控制手段，防范企业潜在风险，实现企业价值保值；二是通过财务审计，规范企业财经秩序，防止企业价值受到损害。

## 二、财务管理的价值创造能力

### （一）含义

价值创造能力是指创造企业价值的主观条件的总和，是实现企业价值最大化目标的能力。财务管理价值创造能力是指通过财务管理手段为企业创造价值的能力。

### （二）影响因素

影响财务管理价值创造能力的因素包括以下几个方面。

**1. 人员**

财务管理工作具体是由财务管理人员执行的，财务管理人员能力越强，财务管理工作越能实现其价值创造的目标。

**2. 制度**

制度体系的建立使财务管理价值创造活动有制可循、有章可依，有利于规范其价值创造活动，提高价值创造工作的效率及质量。

**3. 流程**

完善、高效的流程，可以解决相关管理要素不能得到有效利用的问题，为财务管理价值创造助力。

**4. 方法**

先进科学的管理方法能保证财务管理在价值创造活动中实现管理功能，保证其发挥应有的作用，因此，财务管理方法对企业充分发挥财务管理的价值创造作用影响很大。

**5. 环境**

财务管理环境是指对企业财务活动产生影响作用的企业内外部条件的统称。企业的财务管理活动离不开财务管理环境，财务管理环境必然影响财务管理活动。

## 三、提升财务管理价值创造能力的几点建议

企业应围绕创造企业价值的目标，提升企业财务管理的价值创造能力。

## （一）提升财务管理人员的价值创造能力

一是树立价值创造理念。财务管理人员只有认同财务管理企业价值创造者的角色，才能真正通过意识和理念去指导实践，以实现价值创造的目标。

二是提升财务管理人员的专业素质，培养企业所需的复合型人才。财务管理人员要学习并不断更新财务管理方面的政策和知识，提高业务素质；要加强对企业业务、流程、部门架构等的了解，加强沟通与协作，储备较为全面的综合知识，以便更好地为企业价值创造机制服务。

## （二）建立以价值创造为导向的财务管理制度体系

一是完善制度。在价值创造过程当中，想要财务管理工作高效地创造价值，就必须将原有的财务管理制度进行梳理，从价值创造的角度对原有制度进行评估、修改及补充，将价值最大化的企业目标体现落实到相关制度中。

二是建立制度体系。以价值创造为导向的财务管理制度体系应分为几个层次，最底层是具有操作性的实施细则，第二层是具有指导意义的管理办法，最高层是财务管理的价值创造总纲领。

三是用文字记载。相关规章制度应以文字方式形成文件，确保制度的约束性、严肃性和引导性，使财务管理价值创造活动有所依据。

## （三）改进财务管理流程

将财务管理与业务流程相结合，让财务部门和财务管理人员全面参与到整个价值链流程中，将管理措施融入企业各生产经营环节，从价值创造的角度，帮助各业务部门、经营环节做出事前的预测规划、事中的监督控制、事后的评价等，实现企业价值链上的财务协同，为企业价值创造提供全面支持。

## （四）应用现代管理方法

借助信息技术、互联网，可以及时获取相关政策制度、及时处理财务及经营信息、实现多维度数据统计等，有利于在提高财务管理价值创造活动效率的同时减少或避免差错，切实保证财务管理价值创造活动的质量。

根据企业实际采用各种先进科学的管理方法。例如，财务分析中常用的杜邦财务分析法，从净资产收益率出发，对影响该指标的因素进行层层分解，帮助企业及时发现经营中存在的问题，更好地帮助企业创造价值。再如，预算管理实践中比较有代表性的全面预算管理法，以提升企业价值为目标，通过价值驱动因素配置企业资源，使低效资源加快流转，发挥资源使用效益，同时将价值管理导向贯穿预算管理的执行、分析与控制全过程，促使企业价值不断提升。

### （五）营造财务管理价值创造的环境

形成财务管理的价值创造文化，充分发挥其应有的作用，创造并保持财务管理人员参与价值创造的内部环境。财务管理的价值创造文化是财务管理价值创造目标与财务管理人员的纽带，把从事财务管理的人员团结起来，形成巨大的向心力和凝聚力。这种从内心产生的效应，足以胜过任何规章制度和行政命令。

企业在提升自身财务管理价值创造能力的过程中，应关注提升的效果，对于未达到或偏离了原有目标的应及时调整，同时还应注意克服认知惰性，适时主动地根据企业实际情况，对提升财务管理价值创造能力的方式、方法予以修正，只有这样才能真正地提升企业自身的财务管理价值创造能力，达到提升的目的，实现提升的效果。

## 第五节　财务管理环境变化对现代财务管理的影响

财务管理是企业发展中的重要内容，对企业平稳经营有着重要的意义和影响。在近几年的发展中，很多企业提高了对财务管理环境变化的分析与研究。一方面是由于财务管理水平与财务管理环境的变化有着密切的联系，需要相关管理团队能够对两者之间的关系进行深入的研究与探讨，从而为财务管理工作的开展提供可参考的依据；另一方面是由于传统老套的方式和理念已经不能满足现代企业财务管理的需要，如果不能及时创新与完善财务管理的制度、理念以及模式等，就会影响企业的正常发展。

# 一、财务管理环境变化的内容

## （一）企业发展模式方面

财务管理环境的变化会在很大程度上引发企业发展模式的变化，而发展模式的变化不仅对企业核心的构建有着重要影响，还对企业财务管理的开展有着重要影响。企业财务管理中涉及很多方面的内容，如资金管理、预算控制及风险规避等，因此，当企业发展模式受到财务管理环境变化的影响而发生改变时，企业财务管理部门就需要对这些内容进行重新部署与安排。只有通过这样的方式，才能进一步顺应企业发展模式变化的需要，为财务管理工作的开展提供有利的条件。

## （二）金融全球化方面

金融全球化对企业融投资的开展有着重要的意义和影响，不仅为企业融投资提供了更多的选择机会，还间接地丰富了融投资的形式和内容。在财务管理环境变化的过程中，企业财务管理部门会根据金融全球化的发展现状对融投资环境做进一步的分析与研究。同时，还会对融投资中涉及的风险问题做进一步的控制和防范，从而确保融投资的安全，而财务管理工作的开展也会间接发生改变。

## （三）经济信息化方面

随着经济的不断发展，国与国之间的交流和联系更加密切，经济全球化的趋势已经愈演愈烈。随着经济全球化的发展，以跨国服务和商品为主要经营对象的跨国公司迅速发展起来。跨国商品和服务的产品流通模式和形式与传统经济有着很大的差别，经济技术也有着很多的变化，急需财务管理模式采取相应的方式。而经济信息化的发展，是财务管理环境变化的重要部分之一，其以互联网技术和电子计算机技术为基础，通过信息的共享和技术的沟通，已经对经济运行的模式产生了巨大的影响。

## 二、财务管理环境变化对现代财务管理的影响

### (一) 资产评估体系构建方面

资金的平稳运行对企业发展与财务管理工作的开展有着重要的意义，而资产评估体系的构建在很大程度上推进着财务管理水平的提升。很多企业在进行财务管理的过程中，会将重点内容放在知识资本的评估与管理方面。对于资产评估中存在的难点问题，相关管理团队也能根据实际情况，对相应的会计核算工作以及评估工作进行优化处理。

但是在实际资产评估的过程中，很多管理团队没有按照规范的计量模式或核算方法进行相应的工作。而这种情况的出现对资产评估的价值分析与评价有着一定的影响。在财务管理环境变化的引导下，相关管理团队能够提高对资产评估的重视，并根据实际财务管理环境的变化情况，对企业现金流量计量及管理模式等进行优化，制定出有利于企业财务管理的计价方式，推进资产评估体系的构建。

### (二) 财务管理网络优化方面

由于互联网时代的发展及电子计算机技术的推广，很多行业在发展的过程中都会将先进的网络技术及电子技术等应用其中，在顺应时代发展需要的同时，促进行业的平稳发展。各企业的财务管理模式也会受到财务管理环境变化的影响而发生改变，将网络技术及电子计算机技术应用到财务管理网络系统建设中，逐渐成为企业发展中的重要内容。合理应用网络及电子计算机技术，不仅能够有效解决财务管理工作中存在的问题，还能进一步提高财务管理的质量与效率。

比如，财务管理过程中会涉及很多的数据和信息计算及核对工作，但是相关工作人员在计算和核对的过程中，会受到某些因素的影响而出现问题。合理应用网络技术能够在很大程度上降低这类情况出现的概率，同时还能间接提高信息核对及数据计算的准确性，为财务管理工作的开展提供有利条件。另外，对财务管理网络进行建设与优化，还能实

现企业资源的合理配置，提高企业信息共享的效率和价值，对财务管理人员积极性的提升也有着重要的意义和影响，因此需要企业相关财务管理团队提高对网络建设的重视。

### （三）财务管理内容变化方面

除了上述两点内容外，财务管理环境的变化还会对财务管理内容产生影响。由于各企业财务管理的效率和质量会随着国家经济环境的变化而变化，企业要想保证财务管理工作的顺利开展，就要求财务管理相关管理团队根据经济环境实际变化情况，对相应的财务管理内容进行更新与优化。

财务管理环境的变化与经济全球化的发展有着密切的联系。近年来，随着很多大型跨国公司的出现，相关的融投资行为也成为普遍现象。而融投资模式的出现，不仅间接地提高了企业的经济水平及筹资的效率，而且还带动了计算机技术的应用与推广。融投资方法变得多样化，财务管理内容也变得充实起来。

另外，在财务管理内容发生变化的同时，一些跨国公司还会将新型的投资方式应用到实际的工作中，这不仅给企业发展提供了更多可参考的依据，还间接地促进了企业财务管理模式的创新与升级。虽然企业财务管理会受到一些因素的影响而出现风险问题，导致投资效率下降。但是，财务管理内容在改变的过程中，会间接优化企业受益模式和管理内容，能够在一定程度上规避风险，提高财务管理质量，对企业经济水平的提升有着重要的意义和影响。

### （四）财务管理理念革新方面

在经济全球化、金融全球化、信息化、知识资本化等经济环境的影响下，财务制度也应当从财务管理理念、财务管理内容、评估系统的构建、电子网络系统的构建等方面进行适当的调整和革新，以适应日益变化发展的经济形势，提高财务管理效率。财务管理环境主要包括经济全球化、电子商务化、企业核心重建等。面对这些环境的变化，财务管理也必然要做出一些调整，以适应大环境的发展。

　　受当前财务环境的变化影响，现代财务管理必须适时进行变革和创新。首先，在财务理念和理论构建上，应当重视工业经济和知识经济的全面发展，使其在保证经济增长的基础上，从技术层面和资金管理层面实现对企业财务管理的优化。也就是在传统财务管理工作的基础上，优化资金使用效率和风险规避制度，确保企业管理者能够正确地决策和投资。其次，企业应当积极促进财务管理创新。因为企业财务管理工作的目标是发挥资金的最大效用，并且能够最大限度地降低风险。而企业人员关系的协调和生产能力的激发又能够从根本上提高企业的效益，所以在财务管理上，应当将人员关系优化与财务创新相结合，在优化人员管理制度的基础上，实现财务关系的协调和创新。

## 三、财务管理的发展趋势

### （一）财务理论和关系创新发展

　　为适应经济发展形势，企业进行生产经营过程中必须具备稳固的理论基础，以适应社会信息化发展，紧跟知识型经济发展步伐，提高企业的适应性和灵活性，保证企业财务管理工作的有效实施。随着环境的变化，财务管理的目标发生了一定的变化，由实现股东财富最大化转向实现企业价值最大化，以保证企业各个相关者的利益；财务管理的关系也发生了一定的变化，更加侧重于企业内部的管理，注重企业内部员工关系的维护，以营造和谐稳定的内部环境。

### （二）筹资和投资丰富化

　　随着经济全球化的发展，金融工具更加丰富，企业在筹资和投资决策方面具有更多的选择，使企业的决策能力得到提高。网上融资模式的出现，为企业融资提供了一定的便利，使融资领域得到扩展，为企业提供了更加广泛的渠道，有利于实现企业内部资源的合理配置，提高企业的总体竞争能力。筹资和投资方面的变化，为企业合理利用资金提供了机会，降低了企业资金短缺的可能，保证了企业内部资金的流动性。

## （三）受益分配合理化

实现利益最大化是企业存在的根本目标，合理分配收益是企业稳定运行的关键，知识经济的发展，使得知识成为企业进行利益分配的一项依据。对于物质资本提供者来说，主要以资本所有权为依据进行分配。知识创造者在领取基本工资的同时，可以依据对知识资本的创造参与利益分配，获取相应的收益。

## （四）预算评价体系专业化

财务管理工作离不开财务预算，各种报表是企业高层管理者进行决策的基本依据。因此，一个公平合理的预算管理体系对于财务管理工作至关重要，通过准确的数据分析，能够真实地反映企业运营状况，合理预测企业的偿债能力、盈利能力及市场表现情况等。按照预算考核结果进行奖惩，能够更好地推动合理有效的预算体系的建设，保证预算体系的专业性，实现企业的可持续发展。

随着经济形势的转变，财务管理的环境发生了一定变化，对财务管理工作提出了更高的要求，使得财务管理的内容和对象不断扩大。为提高企业的核心竞争力，稳定企业在市场中的地位，必须结合市场行情和经济形势对财务管理进行创新。在理论结合实践的基础上改进财务管理工作，提高财务管理的灵活性，使其更好地适应财务管理环境的变化，从不同的角度满足企业发展的需要，促进企业更好更快地发展，从而实现企业经济利益的提高，达到企业的总体目标。

# 第二章　筹资管理

## 第一节　企业筹资概述

企业筹资，是指企业为了满足其经营活动、投资活动、资本结构调整等需要，运用一定的筹资方式，筹集和获取所需资金的一种行为。资金是企业的血液，是企业设立、生存和发展的物质基础，是企业开展生产经营业务活动的基本前提。任何一个企业，为了形成生产经营能力、保证生产经营正常运行，必须拥有一定数量的资金。

### 一、筹资动机

企业筹资活动都是在一定的动机支配下完成的，总的来说是为了获取资金，但具体分析，又不尽相同，基本上可以概括为新建筹资动机、扩张筹资动机、偿债筹资动机和混合筹资动机。

#### （一）新建筹资动机

新建筹资动机是指企业在新建时为满足正常生产经营活动所需的铺底资金而产生的筹资动机。按照有关法律的规定，企业设立时，必须有一定的资本金，且不低于国家规定的限额。因此企业新建时，要按照经营方针所确定的生产经营规模核定固定资金和流动资金需要量，并筹集相应数额的资金。

#### （二）扩张筹资动机

扩张筹资动机是指企业因扩大生产经营规模或追加对外投资的需要而产生的筹资动机。具有良好发展前景、处于成长时期的企业通常会产生这种筹资动机。扩张筹资动机产生的直接结果，是企业资产总额和筹资总额的增加。

### （三）偿债筹资动机

偿债筹资动机是指企业为了偿还某项债务而形成的借款动机，即借新债还旧债。偿债筹资有两种情形：一是调整性偿债筹资，即企业虽有足够的能力支付到期旧债，但为了调整现有的资本结构，仍然举债，从而使资本结构更加合理；二是恶化性偿债筹资，即企业现有的支付能力已不足以偿付到期旧债，被迫举债还债，这说明企业的财务状况已经恶化。

### （四）混合筹资动机

混合筹资动机是指企业因同时需要长期资金和现金而形成的筹资动机。通过混合筹资，企业既可扩大资产规模，又可偿还部分旧债，也就是说，在这种筹资中混合了扩张筹资和偿债筹资两种动机。

## 二、筹资原则

企业筹资管理的基本要求是：在严格遵守国家法律法规的基础上，分析影响筹资的各种因素，权衡资金的性质、数量、成本和风险，合理选择筹资方式，提高筹资效果。

归纳起来，筹资应遵循的主要原则有以下几点。

### （一）遵循国家法律法规，合法筹集资金

不论是直接筹资还是间接筹资，企业最终都通过筹资行为向社会获取资金。企业的筹资活动不仅为自身的生产经营提供资金来源，而且也会影响投资者的经济利益，影响社会经济秩序。企业的筹资行为和筹资活动必须遵循国家的相关法律法规，依法履行法律法规和投资合同约定的责任，合法合规筹资，依法披露信息，维护各方的合法权益。

### （二）分析生产经营情况，正确预测资金需要量

企业筹集资金，首先要合理预测资金的需要量。筹资规模与资金需要量应当匹配一致，既避免因筹集不足，影响生产经营的正常进行，又要防止筹资过多，造成资金闲置。

## （三）合理安排筹资时间，适时取得资金

企业筹集资金还需要合理预测确定资金需要的时间。要根据资金需求的具体情况，合理安排资金的筹集时间，适时获取所需资金。使筹资与用资在时间上相衔接，既避免过早筹集资金，形成的资金投放前闲置，又防止取得资金的时间滞后，错过资金投放的最佳时间。

## （四）了解各种筹资渠道，选择资金来源

企业所筹措的资金都要付出资本成本的代价，通过不同的筹资渠道和筹资方式所取得的资金，其资本成本各有差异。企业应当在考虑筹资难易程度的基础上，针对不同来源的资金成本进行分析，尽可能选择经济、可行的筹资渠道和方式，力求降低筹资成本。

## （五）研究各种筹资方式，优化资本结构

企业筹资要综合考虑股权资金和债务资金的关系、长期资金与短期资金的关系、内部筹资和外部筹资的关系，合理安排资本结构，保持适当偿债能力，防范企业财务危机，提高筹资效率。

# 三、筹资渠道与筹资方式

企业筹资活动需要通过一定的渠道并采用一定的方式来完成。

## （一）筹资渠道

筹资渠道是指取得资金的来源和通道，体现着资金的源泉和流量。认识筹资渠道的种类及每种渠道的特点，有利于充分开拓和正确利用筹资渠道。目前企业的筹资渠道主要有以下几种。

### 1. 国家财政资金

国家财政资金是指国家以财政拨款、入股等形式向企业投入的资金。国家财政资金基础坚固，来源充沛，为大中型企业的生产经营活动提供了可靠的保证，再加上国家不断加大扶持基础性产业和公益性产业的长远发展战略，使得国家财政资金成为国有企业筹集资金的重要渠道之一。

## 2. 银行信贷资金

银行一般分为商业性银行和政策性银行。商业性银行为各类企业提供商业性贷款。政策性银行为特定企业提供政策性贷款。银行信贷资金有居民储蓄、单位存款等较稳定的资金来源，贷款方式灵活，能适应各种企业的资金需要，是企业重要的筹资渠道。

## 3. 非银行金融机构资金

非银行金融机构是由各级政府主办和民办的其他金融机构，主要有信托投资公司、租赁公司、保险公司等。这些机构的资金力量比专业银行小，当前仅起辅助作用，但其供应资金灵活方便，且可提供多种服务，今后将有广阔的发展空间。

## 4. 其他企业资金

企业在生产经营过程中往往会形成部分闲置的资金，为了发挥资金效益，这些资金可在企业之间互相调剂使用。随着经济横向联合发展，企业之间的资金联合和资金融通将会广泛发展。其他企业投入的资金往往是企业需要的，这样有利于促进企业之间按市场原则建立经济联系，扩大本企业的资金实力，所以这种筹资具有较强的生命力。

## 5. 民间资金

对于企业职工和城乡居民手中暂时不用的资金，企业可以通过一定的方式，如发行股票、债券等，把这些节余的货币集中起来形成企业的资金，充分利用这一大有潜力的资金。

## 6. 企业内部资金

企业内部资金是指企业按规定从税后利润、成本等方面提取的各项资金，以用于转增资本金和弥补亏损等其他短期需要。从税后利润提取的有法定盈余公积金、公益金、未分配利润等，从成本中提取的有应付福利费、预提大修理费用等，这些资金可用于企业短期周转，并可及时、足额归还，从而成为内部筹资的一个渠道。

## 7. 外商投资资金

外商投资资金是指外商向我国企业投入资金，是外商投资企业的主要资金来源。利用外资是弥补资金不足、促进企业不断壮大、推动经济发展的重要手段之一。企业通过吸引外资投资，不仅可以筹集到必要的资金来满足生产经营的需要，而且能够引进国外先进技术和管理经验，促进企业技术的进步和管理水平的提高。

（二）筹资方式

筹资方式是指企业筹集资金所采取的具体形式，体现着不同的经济关系（所有者权益关系或债权关系）。了解筹资方式的种类及每种筹资方式的特点，有利于企业选择适宜的筹资方式，有效地进行筹资组合。

企业常用的筹资方式有：吸收直接投资、发行股票、留存收益、银行借款、发行债券、租赁、商业信用。其中，前三种筹资方式属于权益资金筹集，后四种属于负债资金筹集。

# 第二节　权益资金筹集

权益资金又称自有资金，是企业最基本的一项资金来源。企业自有资金的筹集方式主要有吸收直接投资、发行股票和留存收益。

## 一、吸收直接投资

吸收直接投资是指企业按照"共同投资、共同经营、共担风险、共享收益"的原则，直接吸收国家、法人、个人和外商投入资金的一种筹资方式。吸收直接投资是非股份制企业筹集权益资本的基本方式，采用吸收直接投资的企业，资本不分为等额股份，无须公开发行股票。吸收直接投资实际出资额，注册资本部分形成实收资本；超过注册资本的部分属于资本溢价，形成资本公积。

（一）吸收直接投资的种类

1. 吸收国家投资

国家投资是指有权代表国家投资的政府部门或机构，以国有资产投入公司，这种情况下形成的资本叫国有资本。在公司持续经营期间，公司以盈余公积、资本公积转增实收资本的，国有公司和国有独资公司由公司董事会或经理办公会决定，并报主管财政机关备案；股份有限公司和有限责任公司由董事会决定，并经股东大会审议通过。吸收国家投资一般具有以下特点：产权归属国家；资金的运用和处置受国家约束较大；在国有公司中采用比较广泛。

### 2. 吸收法人投资

法人投资是指法人单位以其依法可支配的资产投入公司，这种情况下形成的资本称为法人资本。吸收法人投资一般具有以下特点：发生在法人单位之间；以参与公司利润分配或控制为目的；出资方式灵活多样。

### 3. 吸收外商直接投资

企业可以通过合资经营或合作经营的方式吸收外商直接投资，即与其他国家的投资者共同投资，创办中外合资经营企业或者中外合作经营企业，共同经营、共担风险、共负盈亏、共享利益。

### 4. 吸收社会公众投资

社会公众投资是指社会个体或本公司职工以个人合法财产投资公司，这种情况下形成的资本称为个人资本。吸收社会公众投资一般具有以下特点：参加投资的人员较多；每个投资的数额相对较少；以参与公司利润分配为基本目的。

## （二）吸收直接投资的出资方式

### 1. 以货币资产出资

以货币资产出资是吸收直接投资中最重要的出资方式。企业有了货币资产，便可以获取其他物质资源，支付各种费用，满足企业创建时的开支和随后的日常周转需要。

### 2. 以实物资产出资

以实物资产出资是指投资者以房屋、建筑物、设备等固定资产和材料、燃料、商品产品等流动资产所进行的投资。实物投资应符合以下条件：适合企业生产、经营、研发等活动的需要；技术性能良好；作价公平合理。

实物出资中实物的作价，可以由出资各方协商确定，也可以聘请专业资产评估机构评估确定。国有企业及国有控股企业接受其他企业的非货币资产出资，需要委托有资格的资产评估机构进行资产评估。

### 3. 以土地使用权出资

土地使用权是指土地经营者对依法取得的土地在一定期限内有进行建筑、生产经营或其他活动的权利。土地使用权具有相对的独立性，在土地使用权存续期间，包括土地所有者在内的其他任何人和单位，不能任意收回土地和非法干预使用权人的经营活动。企业吸收土地使用权投资应符合以下条件：适合企业生产、经营、研发等活动的需要；地理、交通条件适宜；作价公平合理。

### 4. 以工业产权出资

工业产权通常是指专有技术、商标权、专利权、非专利技术等无形资产。投资者以工业产权出资应符合以下条件：有助于企业研究、开发和生产出新的高科技产品；有助于企业提高生产效率，改进产品质量；有助于企业降低生产能耗、能源消耗等各种消耗；作价公平合理。

吸收工业产权等无形资产出资的风险较大。因为以工业产权出资，实际上是把技术转化为资本，使技术的价值固定化。而技术具有强烈的时效性，会因其不断老化落后而导致实际价值不断减少甚至完全丧失。

### （三）吸收直接投资的程序

### 1. 确定筹资数量

企业在新建或扩大经营时，要先确定资金的需要量。资金的需要量应根据企业的生产经营规模和供销条件等来核定，确保筹资数量与资金需要量相适应。

### 2. 寻找投资单位

企业既要广泛了解有关投资者的资信、财力和投资意向，又要通过信息交流和宣传，使出资方了解企业的经营能力、财务状况及未来预期，以便于公司从中寻找最合适的合作伙伴。

### 3．协商和签署投资协议

找到合适的投资伙伴后，双方进行具体协商，确定出资数额、出资方式和出资时间。企业应尽可能吸收货币投资，如果投资方确有先进且适合需要的固定资产和无形资产，也可采取非货币投资方式。对实物、工业产权、土地使用权投资等非货币资产投资，双方应按公平合理的原则协商定价。当出资数额、资产作价确定后，双方须签署投资的协议或合同，以明确双方的权利和责任。

### 4．取得所筹集的资金

签署投资协议后，企业应按规定或计划取得资金。如果采用现金投资方式，通常还要编制拨款计划，确定拨款期限、每期数额及划拨方式，有时投资者还要规定拨款的用途，如把拨款区分为固定资产投资拨款、流动资金拨款、专项拨款等。如为实物、工业产权、非专利技术、土地使用权投资，一个重要的问题就是核实财产。财产数量是否准确，特别是价格有无高估低估的情况，关系到投资各方的经济利益，必须认真处理，必要时可聘请专业资产评估机构来评定，然后办理产权的转移手续，取得资产。

## （四）吸收直接投资的优缺点

### 1．吸收直接投资的优点

第一，有利于增强企业信誉。吸收直接投资所筹资金属权益资金，与负债比较可以提高企业的信誉，增强举债能力。

第二，有利于尽快形成生产能力。可以直接获取现金和各种生产要素，尽快形成生产能力。

第三，有利于降低财务风险。根据企业盈利状况向企业投资者分配利润，具有灵活性，不会形成财务负担。

### 2．吸收直接投资的不利之处

第一，资本成本较高。一般而言，采用吸收直接投资筹资方式，筹集资金所需负担的资本成本较高，特别是企业经营状况较好和盈利能力较强时更是如此。因为向投资中支付的报酬是根据其出资额的数额和企业实现利润的多少来计算的。

第二，容易分散企业控制权。采用吸收直接投资方式筹集资金，投资者一般都要求获得与投资数量相适应的经营管理权，这是接受外来投资的代价之一。如果外部投资者的投资较多，则投资者会有相当大的管理权，甚至会对企业实行完全控制。

## 二、发行股票

股票是股份有限公司为筹集股权资本而发行的有价证券，是公司签发的证明股东持有公司股份的凭证。股票作为一种所有权凭证，代表着股东对发行公司净资产的所有权。股票只能由股份有限公司发行。

### （一）股票的种类

**1. 按照股东权利和义务，股票分为普通股股票和优先股股票**

普通股股票简称普通股，是公司发行的代表着股东享有平等的权利、义务，不加特别限制的，股利不固定的股票。普通股是最基本的股票，股份有限公司通常情况下只发行普通股。

优先股股票简称优先股，是公司发行的相对于普通股具有一定优先权的股票。其优先权主要表现在股利分配优先权和剩余财产优先权上。优先股股东在股东大会上无表决权，在参与公司经营管理上受到一定的限制，仅对涉及优先股权利的问题有表决权。

**2. 按票面有无记名，股票分为记名股票和无记名股票**

记名股票是在股票票面上记载有股东姓名或将名称计入公司股东名称的股票。无记名股票不登记股东名称，公司只记载股票数量、编号及发行日期。公司向发起人、国家授权投资机构、法人发行的股票，为记名股票；向社会公众发行的股票，可以为记名股票，也可以为无记名股票。

**3. 按发行对象和上市地点，股票分为 A 股、B 股、H 股、N 股和 S 股等**

A 股即人民币普通股票，由我国境内公司发行，境内上市交易，它以人民币标明面值，以人民币认购和交易。

B 股即人民币特种股票，由我国境内公司发行，境内上市交易，它以人民币标明面值，以外币认购和交易。

H 股是注册地在内地、上市在香港的股票。以此类推，在纽约和新加坡上市的股票，分别称为 N 股和 S 股。

### 4．按投资主体，股票分为国家股、法人股、外资股和个人股

国家股是指有权代表国家投资的部门或机构以国有资产向公司投资而形成的股份。国家股由国务院授权的部门或机构持有，并向公司委派股权代表。

法人股是指企业依法以其可支配的财产向公司投资而形成的股份，或者具有法人资格的事业单位和社会团体以国家允许用于经营的资产向公司投资而形成的股份。

外资股是指外国和我国港、澳、台地区的投资者，以外币购买的我国上市公司的境内上市外资股和境外上市外资股。

个人股是指社会个人或本公司职工以个人合法财产投资公司而形成的股份。其中，社会个人持有的股票称为社会公众股，内部职工持有的股票称为内部职工股。

### （二）股票的发行

#### 1．发行的条件

发行股票是股份有限公司筹集资金的重要渠道，但不是任何企业都可以通过发行股票筹资。发行股票必须符合一定的条件。

新设立的股份有限公司申请公开发行股票，应符合下列条件：第一，生产经营符合国家产业政策；第二，发行普通股限于一种，同股同权，同股同利；第三，在募集方式下，发起人认购的股份不少于公司拟发行股份总数的 35%；第四，发起人在近三年内没有重大违法行为；第五，证监会规定的其他条件。

公司增发新股，必须具备下列条件：第一，前一次发行的股份已经募足，并间隔一年以上；第二，公司在最近三年内连续盈利，并可向股

东支付股利；第三，公司在最近三年内财务会计文件无虚假记载；第四，公司预期利润率可达同期银行存款利率。

### 2. 发行的程序

设立股份有限公司发行股票与增资扩股发行新股的程序并不相同，下面我们分别介绍两者的程序。

（1）设立股份有限公司发行股票的程序

第一，提出募集股份申请。股份有限公司的设立，必须经国务院授权的部门或者省级人民政府批准。股份有限公司采取募集设立方式的，发起人向社会公开募集股份时，必须向国务院证券监督管理机构递交募股申请，并报送一系列规定的文件。未经国务院证券监督管理机构批准，发起人不得向社会公开募集股份。

第二，发起人公告招股说明书，并制作认股书。认股书应当载明发起人认购的股份数，每股的票面金额及发行价格；无记名股票的发行总数，认股人的权利、义务等。认股人照章填写认股书后，按照所认股数缴纳股款。

第三，发起人与依法设立的证券经营机构签订承销协议，与银行签订代收股款协议。也就是说，在向社会公开募集股份时，公司不能直接收取股款，必须由依法设立的证券经营机构承销，由代收股款的银行按照协议代收和保存股款。

第四，缴足股款后，由法定的验资机构验资并出具证明，发起人在30日内主持召开公司创立大会。创立大会由认股人组成，选举出董事会成员和监事会成员。

第五，创立大会结束后30日内，董事会向公司登记机关报送有关文件，申请设立登记。公司登记机关批准予以登记的，发给公司营业执照。公司营业执照签发日期为公司创立日期。

第六，股份有限公司经登记成立后，将募集股份情况报国务院证券监督管理机构备案。

（2）增资扩股发行新股的程序

第一，股东大会做出发行新股的决议。

第二，董事会向国务院授权的部门或者省级人民政府申请批准。属于向社会公开募集的，须经国务院证券监督管理机构批准。

第三，公司经批准向社会公开发行新股时，须公告新股招股说明书和财务会计报表及附属明细表，并制作认股书，同时与依法设立的证券经营机构签订承销协议。

第四，公司根据其连续盈利情况和财产增值情况，确定其作价方案。

第五，公司发行新股募足股款后，向公司登记机关办理变更登记并公告。

### 3. 发行的要求

股份有限公司应将资本划分为每一股金额相等的股份，然后将公司的股份采用股票的形式发行。股票的发行实行公开、公平、公正的原则，必须同股同权、同股同利。同次发行的股票，每股的发行条件和发行价格应该相同。任何单位或者个人所认购的股份，每股应当支付相同的价款。

股票发行价格既可以等于票面金额，也可以超过票面金额，但不得低于票面金额。以超过票面金额为股票发行价格的，须经国务院证券监督管理机构批准。超过票面金额发行股票所得溢价款列入公司资本公积金。

### （三）股票上市

股票上市是指股份有限公司公开发行的股票，可以在证券交易所进行交易，并非所有的股份有限公司的股票都能上市，必须是所发行的股票经国家授权或者国务院授权的证券管理部门批准在证券交易所上市交易的股份有限公司。股份有限公司申请股票上市，能够成为上市公司，可以大大提高公司的知名度，增强本公司股票的吸引力，在更大范围内筹集大量资本。

在我国，股份有限公司申请其股票上市必须符合下列条件：第一，股票经国务院证券监督管理机构批准已向社会公众公开发行。第二，公司股本总额不少于人民币5000万元。第三，开业时间在3年以上，最近 3 年连续盈利；原国有企业依法改建而设立的，或者在《中华人民共和国公司法》（以下简称《公司法》）实施后新组建成立，其主要发起人为国有大中型企业的，可连续计算。第四，持有股票面值人民币1000 元以上的股东不少于 1000 人，向社会公开发行的股份达公司股份总数的 25％以上；公司股本总额超过人民币 4 亿元的，其向社会公开发行股份的比例为 15％以上。第五，公司在最近 3 年内无重大违法行为，财务会计报告无虚假记载。

具备上述条件的股份有限公司经申请，由国务院或国务院授权的证券管理部门批准，其股票方可上市。股票上市公司必须公告其上市报告，并将其申请文件存放在指定的地点供公众查阅。股票上市公司还必须定期公布其财务状况和经营情况，每一会计年度半年公布一次财务会计报告。

（四）股票筹资的优缺点

1. 股票筹资的优点

第一，股票筹资具有永久性，无到期日，不需归还。这对保证公司资本的最低需要、维持公司的长期稳定发展极为有利。

第二，没有固定的股息负担。公司有盈利，并认为适于分配时分配股利；公司盈利较少，或者虽有盈利但现金短缺或有更好的投资机会，也可以少支付或不支付股利。

第三，能增强公司的社会声誉。普通股筹资使得股东大众化，由此给公司带来了广泛的社会影响。特别是上市公司，其股票的流动性强，有利于市场确认公司价值。

第四，普通股筹资能增强公司的偿债和举债能力。发行普通股筹集的资金是公司的权益资金，而权益资金是公司偿债的真正保障，是公司以其他方式筹资的基础，它反映了公司的实力，所以利用普通股筹资可增强公司的偿债能力，增强公司的信誉，进而增强公司的举债能力。

第五，普通股可在一定程度上抵消通货膨胀的影响，因而易吸收资金。从长期来看，普通股股利具有增长的趋势，而且在通货膨胀期间，不动产升值时，普通股也随之升值。

## 2. 股票筹资的缺点

第一，资本成本高。一般来说，股票筹资的成本要大于债务资金。这主要是因为股利要从净利润中支付，而债务资金的利息可在税前扣除。另外，普通股的发行费用也比较高。

第二，容易分散控制权。利用普通股筹资，出售了新的股票，引进了新的股东，容易导致公司控制权的分散。

第三，新股东分享公司未发行新股前积累的盈余，会降低普通股的每股净收益，从而可能引起股价的下跌。

# 三、留存收益

## (一) 留存收益的性质

从性质上看，企业通过合法有效的经营所实现的税后净利润，都属于企业的所有者。企业将本年度的利润部分甚至全部留存下来的原因很多，主要包括：第一，收益的确认和计量是建立在权责发生制基础上，企业有利润，但企业不一定有相应的现金净流量增加，因而企业不一定有足够的现金将利润部分或全部派给所有者。第二，法律法规从保护债权人利益和要求可持续发展等角度出发，限制企业将利润全部分配出去。企业每年的税后利润，必须提取 10% 的法定盈余公积金。第三，企业基于自身扩大再生产和筹资的需求，也会将一部分利润留存下来。

## (二) 留存收益的筹资途径

### 1. 提取盈余公积金

盈余公积金是指有指定用途的留存净利润。盈余公积金是从当期净利润中提取的资金积累，其提取基数是本年度的净利润。盈余公积金主要用于企业未来的经营发展，经投资者审议后也可以用于转增股本（实收资本）、弥补以前年度的经营亏损及以后年度的利润分配。

### 2. 未分配利润

未分配利润是指未限定用途的留存净利润。未分配利润有两层含义：第一，这部分净利润本年没有分配给公司的股东投资者；第二，这部分净利润未指定用途，可以用于企业未来的发展、转增股本（实收资本）、弥补以前年度的经营亏损及以后年度的利润分配。

### （三）利用留存收益筹资的优缺点

#### 1．不用发生筹资费用

与普通股筹资相比较，留存收益筹资不需要发生筹资费用，资本成本较低。

#### 2．维持公司的控制权分布

利用留存收益筹资，不用对外发行新股或吸收新投资者，由此增加的权益资本不会改变公司的股权结构，不会稀释原有股东的控制权。

#### 3．筹资数额有限

留存收益的最大数额是企业到期的净利润和以前年度未分配利润之和，不像外部筹资一次性可以筹集大量资金。如果企业发生亏损，那么当年就没有利润留存。另外，股东和投资者从自身期望出发，往往希望企业每年发放一定的利润，保持一定的利润分配比例。

# 第三节　负债资金筹集

负债融资是指通过负债筹集资金。负债融资的特点表现为：筹集的资金具有使用上的时间性，需要到期偿还；不论企业经营业绩好坏，都需支付债务利息，从而形成企业固定的负担；其资本成本一般比普通股筹资的成本低，而且不会分散投资者对企业的控制权。

## 一、短期借款

短期借款是指企业向银行或其他非银行金融机构借入的、偿还期在一年之内的各种款项。短期借款主要包括生产周转借款、临时借款、结算借款等。

企业举借短期借款，首先必须提出申请，经审查同意后借贷双方签订借款合同，注明借款的用途、金额、利率、期限、还款方式、违约责任等；然后企业根据借款合同办理借款手续；借款手续完毕，企业便可取得借款。

### （一）短期借款的信用条件

#### 1. 信贷限额

信贷限额是指银行对借款人规定的无担保贷款的最高额。信贷限额的有效期通常为一年，但银行并不承担必须提供全部信贷限额的义务。如果企业信誉恶化，即使有信贷限额，也可能得不到借款。

#### 2. 周转信贷协定

周转信贷协定是指银行具有法律义务地承诺提供不超过某一最高限额的贷款协定。在协定的有效期内，只要企业的借款总额未超过最高限额，银行必须满足企业在任何时候提出的借款要求。企业享用周转信贷协定，通常要就贷款限额的未使用部分付给银行一笔承诺费，这是银行向企业提供此项贷款的一种附加条件。周转信贷协定的有效期通常超过一年，但实际上贷款每几个月发放一次，所以这种信贷具有短期借款和长期借款的双重特点。

#### 3. 补偿性余额

补偿性余额是指银行要求借款企业在银行中保持按贷款限额或实际借用额，按一定的百分比（一般为 10%～20%）计算的最低存款余额。补偿性余额有助于银行降低贷款风险；但对借款企业来说，补偿性余额则提高了借款的实际利率，加重了企业的利息负担。

#### 4. 借款抵押

银行向财务风险较大的企业或对其信誉不甚有把握的企业发放贷款，有时需要有抵押品担保，以减少自己蒙受损失的风险。

#### 5. 偿还条件

贷款的偿还有到期一次性偿还和在贷款期内定期（每月、季）等额偿还两种方式。

#### 6. 其他承诺

银行有时还要求企业为取得借款而做出其他承诺，如及时提供财务报表、保持适当的财务水平（如特定的流动比率）等。

### （二）短期借款的成本

由于受到本息偿还方式及其他附加条件的影响，短期借款的实际利率与名义利率常常会产生差异。因此，考虑短期借款成本必须结合本息偿还方式及其他附加条件，才能做出正确的评价。

1．收款法下的借款成本

收款法是到期一次性支付本息的方法。在收款法下，借款的本息都在到期时一次性清偿，这时借款的名义利率与实际利率一致。因此，收款法下的借款成本就是借款的名义利率。但是，如果有其他附加条件，则应另行考虑。

2．贴现法下的借款成本

贴现法是银行向企业发放贷款时，先从本金中扣除利息部分，而到期时借款企业则要偿还贷款全部本金的一种计息方法。采用这种方法，企业可利用的贷款额只有本金减去利息部分后的差额。因此，贴现法下的借款实际利率高于名义利率。

3．加息法下的借款成本

加息法是分期等额偿还本息的方法。在分期等额偿还贷款的情况下，银行将根据名义利率计算的利息加到贷款本金上，计算出贷款的本息和，要求企业在贷款期内分期偿还本息之和的金额。由于贷款分期均衡偿还，借款企业实际上只平均使用了贷款本金的半数，却支付了全额利息。这样，企业所负担的实际利率约为名义利率的两倍。

（三）短期借款筹资的优缺点

短期借款筹资方式和长期借款、发行股票等筹资方式相比，具有灵活简便、速度快、时效性强等优点；不足之处是使用时间短、财务风险大，在有附加条件的情况下，资本成本往往比较高。

## 二、长期借款

长期借款是指企业向银行或其他非银行金融机构借入的、使用期超过一年的借款，主要用于购建固定资产和满足长期流动资金占用的需要。

（一）长期借款的种类

我国目前各金融机构的长期借款主要有以下几种划分方式。

## 1. 按照用途的不同

长期借款可分为固定资产投资借款、更新改造借款、科技开发和新产品试制借款等。

## 2. 按照提供贷款机构的不同

长期借款可分为政策性银行贷款和商业银行贷款等。

## 3. 根据企业有无担保

长期借款可分为信用贷款和抵押贷款。信用贷款是指不需要企业提供抵押品，仅凭其信用或担保人信誉而发放的贷款。抵押贷款是指要求企业以抵押品作为担保的贷款。

### （二）取得长期借款的条件

我国金融部门对企业发放贷款的原则是：按计划发放、择优扶植、有物资保证、按期归还。

企业申请贷款一般应具备的条件有：第一，独立核算、自负盈亏、有法人资格；第二，经营方向和业务范围符合国家产业政策，借款用途属于银行贷款办法规定的范围；第三，借款企业具有一定的物资和财产保证，担保单位具有相应的经济实力；第四，具有偿还贷款的能力；第五，财务管理和经济核算制度健全，资金使用效益及企业经济效益良好；第六，在银行设有账户，办理结算。

### （三）长期借款的程序

## 1. 提出借款申请

企业必须先向银行递交借款申请报告，说明借款原因、借款时间、借款数额、使用计划、还款计划等内容。同时，企业还应准备必要的说明企业具备上述借款条件的资料。

## 2. 银行审批

银行接到借款申请后，依据"按计划发放、择优扶植、有物资保证、按期归还"的原则，审核企业的借款条件，以确定是否给予贷款。

## 3. 签订借款合同

借款申请被批准后，借贷双方应就贷款条件进行谈判，然后签订借款合同。

### 4．取得借款

借款合同签订后，企业即可在核定的指标范围内，根据用款计划或实际需要，一次或分次将借款转入企业的存款结算账户进行支用。

### 5．归还借款

贷款到期时，借款企业应按照借款合同的规定，按期清偿贷款本金与利息或续签合同，否则银行可根据合同规定，从借款企业的存款账户中扣还贷款本息及罚息。

## （四）长期借款合同的内容

### 1．借款合同的基本条款

借款合同应具备以下基本条款：第一，借款种类与借款用途；第二，借款金额、借款利率与借款期限；第三，还款资金来源及还款方式；第四，保证条款；第五，违约责任。

### 2．借款合同的限制条款

银行避免和降低贷款风险的一个重要措施是，要求借款人接受基本条款以外的其他限制性条款，主要包括：第一，对借款企业流动资金保持量的规定，其目的在于保持借款企业资金的流动性和偿债能力；第二，对支付现金股利和再购入股票的限制，其目的在于限制现金外流；第三，对资本支出规模的限制，其目的在于减少企业日后不得不变卖固定资产以偿还贷款的可能性，仍着眼于保持借款企业资金的流动性；第四，限制其他长期债务，其目的在于防止其他贷款人取得对企业资产的优先求偿权。

## （五）长期借款筹资的优缺点

### 1．长期借款筹资的优点

第一，筹资速度快，手续简便。向银行借款，通常只要银行审批通过，而无须其他行政管理部门或社会中介机构的审批。只要企业具备借款条件，就可在较短的时间内、以较少的费用取得借款。

第二，资本成本低。银行借款利率一般比债券要低，且利息费用可全部在所得税前列支，而且由于借款是在企业与银行之间直接协商确定的，故不存在交易成本，因此其资本成本相对较低。

第三，借款弹性大。借款合同是一种经济合同，只要双方同意即可修改借款条件，从而帮助企业缓解财务困难，扩大筹资弹性。

**2. 长期借款筹资的缺点**

第一，财务风险大。长期借款加大了企业负债的比重，固定的利息和到期本金的支付加大了企业的财务压力，增加了企业的财务风险。

第二，限制条款多。长期借款取得时的保护性条款在降低银行风险的同时，也使企业在筹资和投资方面受到极大的限制，降低了企业生产经营的灵活性，影响了企业未来的资金运作。

# 三、发行公司债券

公司债券是公司为筹集资金而发行的、约定在一定期限还本付息的有价证券，它反映了企业与债券持有人之间的债权债务关系。发行公司债券是企业向社会筹集资金的重要方式。债券的基本要素有以下几个方面：第一，债券面值，即债券的票面金额，是债券到期时偿还债务的金额；第二，债券的期限，债券都有明确的到期日，债券期限从数天到几十年不等；第三，利率和利息，债券上通常都载有利率，一般为固定利率，近些年也有浮动利率，债券的利率一般是年利率；第四，债券的价格，理论上，债券的面值就应是它的价格，但由于市场利率等因素的影响，债券的市场价格常常脱离它的面值。

## （一）公司债券的种类

公司债券有很多形式，大致有如下几种分类方式。

**1. 按债券上是否记有持券人的姓名或名称**

公司债券可分为记名债券和不记名债券。记名债券是指企业发行债券时，债券购买者姓名和地址在发行债券企业登记的一种债券，偿付本息时，按名册付款。不记名债券即带有息票的债券，企业发行这种债券时无须登记购买者姓名，持有人凭息票领取到期利息，凭到期债券收回本金。

**2. 按能否转换为公司股票**

公司债券可分为可转换债券和不可转换债券。可转换债券是指债券持有人按规定的条件将债券转换为股票。不可转换债券是指债券持有人不能把持有的债券转换为股票。

### 3. 按有无特定的财产担保

公司债券可分为抵押债券和信用债券。抵押债券是以企业特定财产为抵押担保的债券。这里的"特定财产"可以是动产、不动产或其他企业股票等。如果发行企业无力偿还到期本息，持有人或作为其代表的信托人有权处置抵押品作为补偿。信用债券是凭借企业信用而发行的债券。由于这种债券无抵押品作为保证，因此债券持有人要承担一定的风险。同时，这种债券的利率往往高于有抵押担保的债券利率。

### 4. 按利率的不同

公司债券可分为固定利率债券和浮动利率债券。固定利率债券是指利率在发行时即已确定并载于债券券面，即使市场利率发生了变化也不调整。浮动利率债券是指利率水平在发行债券之初不固定，在发行期内按某一基准利率（如银行存款利率、政府债券利率）的变动方向进行调整的债券。

### 5. 按偿还方式的不同

公司债券可分为定期还本债券和分期还本债券。定期还本债券是指规定在将来到期日一次偿还本息的债券。分期还本债券是指在约定期限内分次偿还本息的债券。

### （二）发行公司债券的资格与条件

公司发行债券，必须具备规定的发行资格与条件。

### 1. 发行公司债券的资格

《公司法》规定，股份有限公司、国有独资公司和两个以上的国有企业或者其他两个以上的国有投资主体投资设立的有限责任公司，有资格发行公司债券。

### 2. 发行公司债券的条件

有资格发行债券的公司，必须具备以下条件：第一，股份有限公司的净资产额不低于人民币 3000 万元，有限责任公司的净资产额不低于人民币 6000 万元；第二，累计债券余额不超过公司净资产额的 40%；第三，最近 3 年平均可分配利润足以支付公司债券 1 年的利息；第四，筹集的资金投向符合国家产业政策；第五，债券的利率不超过国务院限定的利率水平；第六，国务院规定的其他条件。

### （三）发行公司债券的程序

#### 1. 发行公司债券的决议或决定

股份有限公司和符合要求的有限责任公司发行公司债券事宜，由股东（大）会依公司章程规定的议事方式和表决程序做出决议；国有独资公司发行公司债券事宜，由国家授权投资的机构或者国家授权的部门做出决定；由董事会提出发行申请。

#### 2. 发行公司债券的申请与批准

公司债券发行人必须向中华人民共和国国家发展和改革委员会（以下简称"国家发改委"）提交《公司法》规定的申请文件和国家发改委规定的有关文件。国务院授权的部门应当自受理公司债券发行申请文件之日起 3 个月内做出决定；不予审批的，应当做出说明。国务院授权的部门对于已做出的审批发行的决定，发现不符合法律、行政法规规定的，应当予以撤销；尚未发行的，应停止发行；已经发行的，公司债券持有人可以按照发行价并加算银行同期存款利息，要求发行人返还。

#### 3. 制定募集办法并予以公告

发行公司债券的申请被批准后，公司（发行人）应制定公司募集办法，并公告社会。

#### 4. 募集借款

公司（发行人）公告债券募集办法后，即可开始募集工作。公司（发行人）应当配置公司债券应募书。债券认购人应填写应募书，并缴纳债券款项，领取公司债券。

### （四）公司债券发行价格的确定

公司债券的发行价格是指公司债券在发行市场上发行时所使用的价格。通常，公司债券的发行价格有平价发行、溢价发行和折价发行三种。当债券按面值发行时叫平价发行；当债券按高于面值的价格发行时叫溢价发行；当债券按低于面值的价格发行时叫折价发行。

对于公司债券的发行价格，发行人与投资者是从不同角度来看待的，发行人考虑的是发行收入能否补偿未来所应支付的本息，投资者考虑的则是放弃资金使用权而应该获取的收益。由于公司债券的还本期限一般在 1 年以上，因此在确定公司债券的发行价格时，不仅应考虑债券票面利率与市场平均利率之间的关系，还应考虑债券资金所包含的时间价值。据此，公司债券发行价格可按下列公式计算：

$$发行价格 = \sum_{i=1}^{n} \frac{年利息}{(1+市场利率)^t} + \frac{面值}{(1+市场利率)^n}$$

式中：$n$——债券期限；

$t$——付息期数；

市场利率——债券发行时的市场利率。

### （五）公司债券筹资的优缺点

**1. 公司债券筹资的优点**

第一，资本成本低。由于债权人承担的风险小于股东承担的风险，加之债券利息在所得税前支付，具有一定的抵税作用，因此公司债券筹资的成本低于股票筹资的成本。

第二，筹资对象广，市场大。与银行借款相比，公司债券的发行对象是众多的社会投资者，资金充裕，筹资潜力大。

第三，可获得财务杠杆利益。当全部资本收益率大于借款利率时，公司债券筹资可以提高自有资金的收益率，带来财务杠杆利益。

**2. 公司债券筹资的缺点**

第一，财务风险大。公司债券筹资提高了企业的负债比率，固定的利息支付负担和本金偿还义务增加了企业的财务负担和破产风险，加大了企业未来举债的难度。

第二，限制条件多。首先，企业发行公司债券必须具备相应的资格，符合严格的条件，这在一定程度上限制了企业对公司债券筹资方式的使用；其次，发行公司债券时的各种限制性条款将会影响公司正常发展及未来举债的能力。

## 四、融资租赁

### （一）租赁的含义

租赁是指出租人在承租人给予一定报酬的条件下，授予承租人在约定的期限内占有和使用财产权利的一种契约性行为。

### （二）租赁的种类

#### 1．经营租赁

经营租赁又称营业租赁，是典型的租赁形式，通常为短期租赁。经营租赁的特点有：第一，承租人可随时向出租人提出租赁资产要求。第二，租赁期短，不涉及长期而固定的义务。第三，租赁合同比较灵活，在合理的限制条件范围内，双方可以解除租赁契约。第四，租赁期满，租赁资产一般归还给出租人。第五，出租人提供专门服务，如设备的保养、维修、保险等。

#### 2．融资租赁

融资租赁又称财务租赁，它是区别于经营租赁的一种长期租赁形式，由于它可以满足企业对资产的长期需要，有时也称为资本租赁。融资租赁是现代租赁的主要形式。融资租赁的特点有：第一，一般由承租人向出租人提出正式申请，由出租人融通资金引进承租人所需设备，然后再租给承租人使用；第二，租期较长，租期一般为租赁资产寿命的一半以上；第三，租赁合同比较稳定，在租期内，承租人必须连续支付租金，非经双方同意，中途不得退租；第四，租赁期满后，租赁资产的处置包括将设备作价转让给承租人、由出租人收回、延长租期续租三种方法；第五，在租赁期内，出租人一般不提供维修和保养设备等方面的服务。

### （三）融资租赁的形式

融资租赁可分为如下三种形式：

#### 1．售后租赁

售后租赁是指根据协议，企业将某资产卖给出租人，再将其租回使用。从事售后租赁的出租人为租赁公司等金融机构。

## 2．直接租赁

直接租赁是指承租人直接向出租人承租所需要的资产，并付出租金。直接租赁的出租人主要是制造厂商、租赁公司。

## 3．杠杆租赁

杠杆租赁涉及承租人、出租人和资金出借者三方当事人。从承租人的角度来看，这种租赁与其他租赁形式并无区别，但对出租人却不同。出租人只出购买资产所需的部分资金（如 30%）作为自己的投资，另外以该资产作为担保向资金出借者借入其余资金（如 70%）。

### （四）融资租赁的租金

在租赁筹资方式下，承租人要按合同规定向租赁人支付租金。租金的数额和支付方式对承租人的未来财务状况具有直接的影响，也是租赁筹资决策的重要依据。

## 1．融资租赁租金的构成

融资租赁的租金包括设备价款和租息两部分。其中，租息又包括租赁人的融资成本、租赁手续费等。

第一，设备价款是租金的主要内容，它由设备的买价、运杂费和途中保险费等构成。

第二，融资成本是指租赁人购买租赁设备所筹资金的成本，即设备租赁期间的利息。

第三，租赁手续费包括租赁人承办租赁设备的营业费用和一定的利润。租赁手续费的高低一般无固定的标准，可由承租人与租赁人协商确定。

## 2．租金的支付方式

租金的支付方式也会影响租金的计算。租金通常采用分次支付的方式，租金的支付方式具体可以分为以下几种类型。

第一，按支付时期的长短，租金的支付方式可以分为年付、半年付、季付和月付等。

第二，按支付时期的先后，租金的支付方式可以分为先付租金和后付租金两种。先付租金是指在期初支付，后付租金是指在期末支付。

第三，按每期支付金额的多少，租金的支付方式可以分为等额支付和不等额支付两种。

### （五）融资租赁筹资的优缺点

#### 1. 融资租赁筹资的优点

第一，筹资速度快。租赁往往比借款购置设备更迅速、更灵活。

第二，限制条款少，手续简便。只要供需双方达成协议即可。

第三，设备淘汰风险小。承租人在签订租赁合同确定租期时，已根据自身的生产技术发展情况考虑了可能出现的无形损耗因素，因而可避免自行购置发生陈旧而造成的损失。

第四，财务风险小。租金在整个租期内分摊，不用到期归还大量本金。

第五，税收负担轻。租金可在税前扣除，具有抵免所得税的效用。

#### 2. 融资租赁筹资的缺点

第一，资本成本较高，这是其最主要的缺点。一般来说，融资租赁的租金要比举借银行借款或发行债券所负担的利息高得多。

第二，由于承租人在租赁期内无资产所有权，因而不能根据自身的要求自行处置租赁资产。

## 五、商业信用

商业信用是指商品交易中的延期付款或延期交货而形成的借贷关系，是企业之间的一种直接信用关系。商业信用已成为企业普遍使用的短期资金筹集方式。

### （一）商业信用的形式

商业信用的形式有应付账款、应付票据、预收货款。

#### 1. 应付账款

应付账款即赊购商品形成的欠款，是一种典型的商业信用形式。应付账款是卖方向买方提供商业信用，允许买方收到商品后不立即付款，可延续一定时间付款。

## 2．应付票据

应付票据是一种期票，即由出票人出票，由承诺人允诺在一定时期内支付一定款项的书面证明。这种票据由购货方或销货方开出，由购货方承兑或请求开户银行承兑。

在应付票据商业信用形式下，延期付款期限一般为 1～6 个月，最长不超过 9 个月。应付票据有带息和不带息两种，我国一般不带息，属于免费信用。

## 3．预收货款

预收货款是销货方在交货前向购货方预先收取部分或全部货款所发生的负债，这项负债要用以后的商品或劳务偿还，这实际等于向购货方借一笔款项。

## （二）商业信用的条件

商业信用条件是指销货人对付款时间和现金折扣所做的具体规定。如"2/10，N/30"便属于一种信用条件。从总体上看，信用条件主要有以下几种形式：

## 1．预收货款

一般用于以下两种情况：企业已知买方信用欠佳；销售生产周期长、售价高的商品。

## 2．延期付款，但不涉及现金折扣

这里指卖方允许买方在交易发生后的一定时期内按发票金额支付货款。"N/30"是指卖方允许买方在 30 天内按发票金额支付货款。该条件下的信用期一般为 30～60 天，有些季节性的生产企业可能为其顾客提供更长的信用期。

## 3．延期付款，但早付款可享受现金折扣

这里指买方在卖方规定的折扣期内付款可享受给定的现金折扣。如"2/10，N/30"表示信用期为 30 天，买方在 10 天内付款，可以享受 2％的现金折扣；如买方超过 10 天付款，不享受现金折扣。提供现金折扣的目的是加速货款的回收。现金折扣率一般为发票金额的 1％～5％。

## （三）现金折扣成本的计算

现金折扣成本是指买方赊购商品时，卖方提供现金折扣，买方没有

利用，放弃享受现金折扣的机会成本。

放弃现金折扣的信用成本是相当昂贵的，比借款利率高出很多，若无特殊情况，还是享受现金折扣为好。

### （四）商业信用筹资的优缺点

#### 1. 商业信用筹资的优点

第一，筹资便利。因为商业信用与商品买卖同时进行，属于一种自然性融资，随时可以随着购销行为的产生获得这项资金。

第二，筹资成本低。如果没有现金折扣或企业不放弃现金折扣，则利用商业信用筹资没有实际成本。

第三，限制条件少。商业信用无须担保和抵押，与其他筹资方式相比，限制条件较少。

#### 2. 商业信用筹资的缺点

第一，期限短。商业信用的期限一般都很短，资金不能长期占用。

第二，现金折扣成本高。如果放弃现金折扣，会付出较高的资本成本。

# 第四节　企业资金需要量的预测

资金的需要量是筹资的数量依据，必须科学合理地进行预测。筹资数量预测的目的，是保证筹集的资金既能满足生产经营的需要，又不会产生资金多余而闲置。

资金需要量的预测方法有定性预测法、销售百分比法、资金习性预测法等。

## 一、定性预测法

定性预测法是指依靠预测者个人的经验、主观分析和判断能力，对未来时期资金的需求量进行估计和推算的方法。这种方法通常采取召开专业人员座谈会和专家论证会等形式，常常在缺乏完整的历史资料下采用，它不能揭示资金需要量与相关因素的关系，预测结果的准确性较差，一般只作为预测的辅助方法。

## 二、销售百分比法

销售百分比法是将反映生产经营规模的销售因素与反映资金占用的资产因素联系起来，根据销售额与资产之间的比例关系，预计企业的外部筹资需要量。销售百分比法首先假设某些资产与销售额存在稳定的百分比关系，根据销售额与资产之间的比例关系预计资产额，根据资产额预计相应的负债和所有者权益，进而确定筹资需要量。

采用销售百分比法确定资金需要量的基本步骤如下所示。

### （一）确定随销售额变动而变动的资产和负债项目

资产是资金使用的结果，随着销售额的变动，经营性资产项目将占用更多的资金。同时，随着经营性资产的增加，相应的经营性短期债务也会增加，如存货增加会导致应付账款增加，此类债务称之为"自动性债务"，可以为企业提供暂时性资金。经营性资产与经营性负债的差额通常与销售额保持稳定的比例关系。这里，经营性资产项目包括库存现金、应收账款、存货等项目；而经营性负债项目包括应付票据、应付账款等项目，不包括短期借款、长期负债等筹资性负债。

### （二）确定经营性资产与经营性负债有关项目与销售额的稳定比例关系

如果企业资金周转的营运效率保持不变，经营性资产与经营性负债将会随销售额的变动而呈正比例变动，保持稳定的百分比关系。企业应根据历史资料和同业情况，剔除不合理的资金占用，寻找与销售额的稳定百分比关系。

### （三）确定需要增加的筹资数量

预计由于销售增长而需要的资金需求增长额，扣除利润留存后，即为所需要的外部筹资额。

## 三、资金习性预测法

资金习性预测法是指根据资金习性预测未来资金需要量的一种方

法。所谓资金习性，是指资金的变动同产销量变动之间的依存关系。按照资金同产销量之间的依存关系，可以把资金区分为不变资金、变动资金和半变动资金。

不变资金指在一定的产销量范围内，不随着产销量的变动而变动的那部分资金，包括为维持营业而占用的最低数额的现金，原材料的保险储备，必要的成品储备和厂房、机器设备等固定资产占用的资金。

变动资金指随着产销量的变动而成比例变动的那部分资金，一般包括直接构成产品实体的原材料、外构件等占用的资金。

半变动资金指虽受产销量变化的影响但并不成比例变动的那部分资金，如一些辅助材料占用的资金。半变动资金可以通过一定的方法分解为不变资金和变动资金两部分。

资金习性预测法，就是对资金习性进行分析，将其划分为变动资金和不变资金，根据资金与产销量之间的数量关系来建立数学模型，再根据历史资料预测资金需要量。预测的基本模型为：

$$y=a+bx$$

式中：$y$——资金需要量；

$a$——不变资金；

$b$——单位产销量所需要的变动资金；

$x$——产销量。

通过将历史数据代入模型，用线性回归法和高低点法得出 $a$、$b$ 值后，再将预计销售量代入已知模型，即可计算出预计资金需要量。

资金习性预测法包括线性回归法和高低点法两种。

## （一）线性回归法

线性回归法是按照企业历史上资金占用总额与产销量的关系，运用最小平方法原理计算不变资金和单位销售额的变动资金的一种资金习性分析方法。

## （二）高低点法

高低点法是在相关范围内，根据资金量的最高点和产销量的最高点之间的线性关系，以及资金量的最低点与产销量的最低点之间的线性关系，推算出资金中不变资金和单位产销量所需变动资金的数值，进而计算出预测期的资金需要量。需要注意的是，高低点的选择以自变量为依据。

企业筹集资金是资金运作的起点，筹资工作的好坏直接影响企业效益的好坏，进而影响企业收益分配。企业的资金由权益资金和负债资金两部分组成。企业权益资金的筹集可通过吸收直接投资、发行股票、留存收益等方式筹集。股票按股东权利和义务的不同，可分为普通股和优先股。股票的发行价格有平价、溢价和折价。我国目前不允许折价发行。企业负债资金可通过银行借款、发行债券、租赁、商业信用等方式筹集。商业信用是一种自然性融资，主要有应付账款、应付票据和预收货款等形式。在有现金折扣的赊销方式下，若买方在现金折扣期内付款，就不会发生商业信用成本；但若买方放弃了现金折扣，则会发生商业信用筹资机会成本，亦即放弃现金折扣的成本。筹资的数量应当合理，不管采取什么筹资方式，都必须预先合理确定资金的需要量，根据需要筹资。企业可用销售百分比法等预测资金需要量。

# 第三章　项目投资管理

项目投资决策关系企业的生死存亡。企业进行项目投资决策时，需要考察与项目相关的现金流量，包括项目投资额、收入、成本、税收等，并且要采用一定的方法进行可行性评价。

## 第一节　项目投资概述

### 一、项目投资的特点

项目投资是一种以特定项目为对象，直接与新建项目或更新改造项目有关的长期投资行为。企业投资项目主要可分为以新增生产能力为目的的新建项目和以恢复或改善生产能力为目的的更新改造项目两大类。一般来说，项目投资具有以下特点：

（一）项目投资的回收时间较长

项目投资决策一经做出，便会在较长时间内影响企业，一般的项目投资都需要几年、十几年甚至几十年才能回收。因此，项目投资对企业的命运有着决定性的影响。这就要求企业在进行项目投资前，进行认真的可行性研究。

（二）项目投资的变现能力较差

项目投资一旦完成，其实物形态往往是厂房、机器设备等固定资产。这些资产不易改变用途、出售困难、变现能力差。想改变用途的话，要付出较大代价。因此，项目投资具有不可逆转性。

（三）项目投资的风险较大

投资项目交付使用后的收益情况，受内部、外部各种因素制约，这些因素之间的相互关系也是错综复杂的。因此，在投资中无法对未来各因素的发展变化做出完全准确的预测，导致投资风险较大。

### （四）项目投资的资金占用数量相对稳定

项目投资一经完成，在资金占用数量上便保持相对稳定，不像流动资产投资那样经常变动。这是因为，在相关业务量范围内，实际投资项目营运能力的增加，并不需要立即增加项目投资，通过挖掘潜力、提高效率，可以使现有投资项目完成增加的业务量。而实际投资项目营运能力的下降，也不可能使已投入的资金减少。

### （五）项目投资数额多

项目投资一般都需要较多的资金，对企业的现金流量和财务状况有很大的影响。企业必须合理安排资金预算，适时筹措资金，尽可能减轻企业财务压力。

### （六）项目投资的次数相对较少

与流动资产的投资相比，项目投资一般较少发生，特别是大规模的项目投资，一般要几年甚至几十年才发生一次。

## 二、项目投资管理的程序

项目投资管理的程序一般包括如下几个步骤。

### （一）投资项目的提出

企业大规模的战略性投资项目由企业的高层领导提出，其方案一般由生产、技术、市场、财务等各方面专家组成的专门小组拟定；而战术性投资项目由基层或中层人员提出，其方案由主管部门组织人员拟定。

### （二）投资项目的评价

投资项目的评价主要涉及如下几项工作：一是把提出的投资项目进行分类，为分析评价做好准备；二是计算有关项目的预计收入和成本，预测投资项目的现金流量；三是运用各种投资评价指标，把各项投资按可行性的顺序进行排队；四是写出评价报告，递呈上级批准。

## （三）投资项目的决策

投资项目经过评价后，应送有权批准者审批。投资额较小的项目，有时中层经理就有决策权；投资额较大的项目一般由总经理决策；投资额特别大的项目要由董事会甚至股东大会投票表决。决策结果一般可分为以下三种：一是采纳建议，批准项目；二是拒绝建议，否定项目；三是责令重新调查研究。

## （四）投资项目的实施

决定对某项目进行投资后，要积极筹措资金，实施投资。在项目投资实施过程中，要对工程进度、工程质量和成本开支严格加以控制，以保证投资项目保质保量如期完成。

## （五）投资项目的再评价

投资项目实施过程中，要继续严密注视作为决策依据的信息是否可靠，情况是否变化。如遇重大变化，应对原方案重新审议。必要时，应终止投资。投资项目完成后，最好继续观察评价若干年，检查原预测是否准确、原决策是否正确，以便改进以后预测、决策的程序和方法。

# 第二节 项目投资现金流量分析

## 一、现金流量的概念

所谓现金流量，在项目投资决策中是指一个项目引起的企业现金支出和现金收入增加的数量。企业在进行项目投资的时候，都需要用特定的指标对项目投资的可行性进行分析，而这些指标的计算，都是以项目的现金流量为基础的。因此，现金流量是评价投资方案是否可行时必须事先计算的一个基础性数据。

## 二、现金流量的内容

现金流量包括现金流出量、现金流入量和现金净流量三个具体内容。

## （一）现金流出量

一个项目的现金流出量是指该项目引起的企业现金支出的增加额。企业如果购置一条生产线，通常会引起以下现金流出。

### 1. 购置生产线的价款

购置生产线的价款，企业有可能分几次支出，也可能一次性支出。

### 2. 企业垫支的流动资金

由于购置了新的生产线，导致企业生产能力扩大，引起对流动资金需求的增加。企业需要追加的流动资金应列入该项目的现金流出量。这些资金，只有在营业终结或出售该生产线时才能收回。

## （二）现金流入量

一个项目的现金流入量，是指该项目引起的企业现金收入的增加额。企业如果购置一条生产线，通常会引起以下现金流入。

### 1. 营业现金流入

购置生产线扩大了企业的生产能力，使企业销售收入增加。扣除有关的付现成本增量后的余额，是该生产线引起的一项现金流入。

营业现金流入＝销售收入－付现成本

付现成本在这里是指需要每年支付现金的成本。成本中不需要每年支付现金的部分称为非付现成本，主要是折旧费。所以，付现成本可以用销售成本减折旧来估计。

付现成本＝销售成本－折旧

如果从每年现金流动的结果来看，增加的现金流入来自两部分：一部分是利润造成的货币增值；另一部分是以货币形式收回的折旧。

营业现金流入＝销售收入－付现成本

＝销售收入－（销售成本－折旧）

＝利润＋折旧

其中，利润指的是税前利润，若考虑扣除所得税的影响，可得出年净营业现金流入量（营业现金流入量）的计算公式：

年净营业现金流入＝销售收入－付现成本－所得税

＝净利润＋折旧

2．该生产线出售（报废）时的残值收入

资产出售或报废时的残值收入，是由于当初购置该生产线引起的，应当作为投资项目的一项现金流入。

3．收回的流动资金

该生产线出售（报废）时，企业可以相应增加流动资金，收回的资金可以用于别处，因此应将其作为该项目的一项现金流入。

（三）现金净流量

现金净流量是指一定期间现金流入量和现金流出量的差额。流入量大于流出量时，净流量为正值；反之，净流量为负值。

## 三、现金流量与利润

为了正确地评价投资项目的优劣，必须正确地计算现金流量。利润是按照权责发生制确定的，而现金流量是根据收付实现制确定的，两者既有联系又有区别。

利润与现金流量的差异主要表现在以下几个方面：第一，购置固定资产时付出大量现金不计入成本；第二，将固定资产的价值以折旧形式逐期计入成本时，不需要付出现金；第三，计算利润时不考虑垫支的流动资金的数量和回收的时间；第四，只要销售行为确定，就计算为当期的销售收入，尽管其中有一部分当期没有收到现金；第五，项目寿命终了时，以现金的形式收回的固定资金和垫支的流动资金在计算利润时也得不到反映。

在投资决策中，研究的重点是现金流量，而把利润的研究放在次要地位，其原因在于以下几点。

（一）采用现金流量有利于科学地考虑时间价值因素

科学的投资决策必须认真考虑资金的时间价值，这就要求在决策时一定要弄清每笔预期收入款项和支出款项的具体时间。因此，在衡量方案优劣时，应根据各投资项目寿命周期内各年的现金流量，按照资本成本，结合资金的时间价值来确定。而利润的计算，并不考虑资金的时间价值。

## （二）采用现金流量能使投资决策更加符合客观实际情况

在长期投资决策中，应用现金流量能更科学、更客观地评价投资方案的优劣，而利润则明显地存在不科学、不客观的成分。这主要是利润的计算没有一个统一的标准，在一定程度上要受到存货估价、费用摊派和折旧计提的不同方法的影响。因而，净利润的计算比现金流量的计算有更大的主观随意性，作为决策的主要依据不太可靠。此外，利润反映的是某一会计账目中的应计现金流量，而不是实际的现金流量。如果未以实际收到的现金收入作为收益，则具有较大风险，容易高估投资项目的经济效益，存在不科学、不合理的成分。

# 第三节　项目投资决策评价指标的计算与评价

项目投资评价时使用的指标分为两类：一类是非贴现指标，即没有考虑时间价值因素的指标，主要包括回收期、会计收益率等；另一类是贴现指标，即考虑了时间价值因素的指标，主要包括净现值、内含报酬率、现值指数等。根据分析评价指标的类别，项目投资评价分析的方法，也被分为非贴现的分析评价方法和贴现的分析评价方法两种。

## 一、项目投资决策评价指标的类型

项目投资决策评价的指标主要有投资收益率、静态投资回收期、净现值、净现值率、现值指数、内含报酬率等。

### （一）按是否考虑资金时间价值分类

评价指标按是否考虑资金时间价值，可分为非贴现评价指标和贴现评价指标两大类。非贴现评价指标是指在计算过程中不考虑资金时间价值因素的指标，又称为静态指标。与非贴现评价指标相反，贴现评价指标在计算过程中充分考虑和利用资金时间价值，又称为动态指标。

### （二）按指标性质分类

评价指标按指标性质的不同，可分为在一定范围内越大越好的正指标和在一定范围内越小越好的反指标两大类。投资收益率、净现值、净现值率、现值指数和内含报酬率属于正指标，静态投资回收期属于反指标。

### （三）按指标数量特征分类

评价指标按指标数量特征的不同，可分为绝对量指标和相对量指标。前者包括以时间为计量单位的静态投资回收期指标和以价值量为计量单位的净现值指标；后者包括净现值率、现值指数、内含报酬率等。

### （四）按指标重要性分类

评价指标按其在决策中所处地位的不同，可分为主要指标、次要指标和辅助指标。净现值、内含报酬率等为主要指标，静态投资回收期为次要指标，投资收益率为辅助指标。

### （五）按指标计算的难易程度分类

评价指标按其计算难易程度的不同，可分为简单指标和复杂指标。投资收益率、静态投资回收期、净现值率和现值指数为简单指标，净现值和内含报酬率为复杂指标。

## 二、静态评价指标的计算与分析

### （一）投资回收期

投资回收期是指收回全部投资额所需要的时间。投资回收期越短，投资效益越好，方案为佳；反之，方案为差。在原始投资一次支出，每年现金净流入量相等时：

$$回收期 = \frac{原始投资额}{每年现金净流入量}$$

使用投资回收期作为投资决策评价指标时，如果备选方案的投资回收期大于可接受的最长投资回收期，那么应当放弃该方案；反之，如果备选方案的投资回收期小于可接受的最长投资回收期，那么该方案可以接受。

投资回收期计算简便，并且容易理解。它的缺点在于：不仅忽视了资金的时间价值，而且没有考虑回收期以后的收益。事实上，有战略意义的长期投资，往往早期收益较低，而中后期收益较高。投资回收期法优先考虑急功近利的项目，可能导致放弃长期成功的方案。

## （二）总投资收益率

总投资收益率又称投资报酬率（Return On Investment，ROI），是指项目投资方案的年平均息税前利润占项目总投资的百分比。总投资收益率的计算公式为：

$$总投资收益率 = \frac{年息税前利润}{项目总投资} \times 100\%$$

投资项目决策原则：投资项目的投资收益率属于正指标，越高越好。投资收益率≥基准投资收益率，项目可行。

### 1. 采用总投资收益率指标的优点

第一，该指标是衡量盈利的简单方法，容易理解。

第二，相对于投资回收期，考虑了整个项目寿命期的全部利润。

### 2. 采用总投资收益率指标的缺点

第一，没有考虑资金的时间价值因素。

第二，不能正确反映建设期长短、投资方式的不同和是否有回收额等条件对项目的影响。

第三，分子、分母计算口径的可比性较差。

# 三、动态评价指标的计算与分析

## （一）净现值

### 1. 净现值的计算方法

所谓净现值（Net Present Value，NPV），是指对于特定方案未来现金流入的现值与未来现金流出的现值之间的差额。净现值法的基本原理是：将某投资项目投产后的现金流量按照预定的投资收益率折算到该项目开始建设的当年，以确定折现后的现金流入和现金流出的数值，然后相减。若现金流入的现值大于现金流出的现值，净现值为正值，表明投资不仅能获得符合预定报酬的期望利益，而且还可得到以正值差额表示的现值利益，这在经济上是有利的；若现金流入的现值小于现金流出的现值，则表明投资回收水平低于预定报酬率，这在经济上是不合算的。

净现值的计算公式是：

$$NPV = \sum_{i=1}^{n} \frac{A_t}{(1+i)^t} - A_0$$

式中：NPV——净现值；

A$_t$——第 $t$ 年的现金流入量；

$i$——预定的投资收益率；

$n$——期间数；

A$_0$——原始投资（现金流出量）。

计算方案的净现值时，一般分以下几步：第一，计算方案每年的营业现金净流量。第二，将每年的营业现金净流量折算成现值；如果每年的营业现金净流量相等，则按年金现值系数折成现值，如果每年的营业现金净流量不相等，则先按复利现值系数对每年的营业现金净流量折现，然后加以合计；第三，汇总各年的营业现金净流量现值，求出投资方案的净现值。

**2．净现值的评价标准**

根据净现值来进行投资决策时，标准是：当只有一个备选方案时，如果净现值大于 0，采纳；反之，放弃。如果存在两个或两个以上的备选方案，应选择净现值最大的那一个。

**3．净现值法的优缺点**

净现值法考虑了资金的时间价值，考虑了各种投资方案的净收益，是一种较好的投资决策方法。

但它的缺点也很明显。首先，净现值是一个绝对数，不能直接反映投资方案的实际收益率水平。当各个项目投资额不等时，仅用净现值法不能确定投资项目的优劣。其次，现金净流量的测算和预期投资收益率的确定比较困难，而其正确性对计算净现值有重要影响。最后，净现值法计算过程烦琐，较难理解和掌握。

**（二）净现值率**

**1．净现值率的计算方法**

净现值率（Net Present Value Rate，NPVR）是指投资项目的净现值占原始投资现值总和的百分比。其计算公式为：

$$NPVR = \frac{投资项目净现值}{原始投资现值总和} \times 100\%$$

2. 净现值率的评价标准

净现值率是一个相对量评价指标，采用净现值率进行投资项目评价的标准是：当 NPVR≥0 时，项目可行；当 NPVR<0 时，项目不可行。

3. 净现值率法的优缺点

(1) 净现值率法的优点

第一，考虑了资金的时间价值。

第二，可以动态地反映投资项目的资金投入与产出之间的关系。

(2) 净现值率法的缺点

第一，不能直接反映投资项目的实际收益率。

第二，在资本决策过程中，可能导致片面追求较高的净现值率，在企业资本充足的情况下，有降低企业投资利润总额的可能。

(三) 现值指数

1. 现值指数的计算方法

所谓现值指数 (Present Value Index，PVI)，是指未来现金流入现值与现金流出现值的比率。

现值指数的计算公式如下：

$$PVI = \left[ \sum_{i=1}^{n} \frac{A_t}{(1+i)^t} \right] / A_0$$

式中：PVI——现值指数；

$A_t$——第 $t$ 年的现金流入量；

$i$——预定的投资收益率；

$n$——期间数；

$A_0$——原始投资 (现金流出量)。

2. 现值指数的评价指标

根据现值指数来进行投资决策时，标准是：当只有一个备选方案时，如果现值指数大于 1，采纳；反之，放弃。如果存在两个或两个以上的备选方案，应选择现值指数最大的那一个。

3. 现值指数法的优缺点

(1) 现值指数法的优点

使用现值指数法进行长期投资决策，既考虑了资金的时间价值，又能真实地反映投资方案的获利水平，有利于在原始投资额不同的方案之间进行对比。

（2）现值指数法的缺点

无法直接反映投资项目的实际收益率，且计算过程比净现值的计算过程复杂，计算口径也不一致。

## （四）内含报酬率

### 1. 内含报酬率的计算方法

所谓内含报酬率（Internal Rate of Return，IRR），是指能够使未来现金流入量现值等于未来现金流出量现值的贴现率，或者说，是使投资方案净现值为 0 的贴现率。

如果方案每年的营业现金净流量相同，内含报酬率可以进行以下计算。

（1）计算年金现值系数

内含报酬率要求净现值为 0。

（2）查年金现值系数表

在同一期数内，查出最接近的两个临界系数和临界贴现率。

（3）用内插法求出该投资方案的内含报酬率

如果方案每年的营业现金净流量不相同，内含报酬率的计算则要用逐步测试法。首先估计一个贴现率，用它来计算方案的净现值。如果净现值大于 0，说明方案本身的报酬率超过估计的贴现率，应提高贴现率后进一步测试；如果净现值小于 0，说明方案本身的报酬率低于估计的贴现率，应降低贴现率后进一步测试。经过多次测试，寻找出使净现值接近于 0 的贴现率，即为方案本身的内含报酬率。

### 2. 内含报酬率的评价标准

运用内含报酬率法进行投资决策，主要是确定一个合适的资本成本。若内含报酬率大于资本成本，则方案可行；若内含报酬率小于资本成本，则方案不可行。若多个方案的内含报酬率均大于资本成本，则选择内含报酬率较高的方案。

从计算结果看，假设公司资本成本为 10%，则 A、B 两个方案均可选择，但方案 B 内含报酬率高于方案 A，应优先考虑方案 B。

### 3. 内含报酬率法的优缺点

内含报酬率法考虑了资金的时间价值，反映了投资项目的真实报酬率，概念也易于理解。但该方法计算过程比较复杂，特别是每年营业现金净流量不等的投资项目，一般要经过多次测算才能算出。

# 第四节　项目投资评价方法的应用

## 一、单一投资项目的财务可行性分析

如果某一投资项目的评价指标同时满足以下条件，则可以断定，该投资项目无论从哪个方面来看，都具备财务可行性，可以接受此投资方案。这些条件是：第一，$NPV \geq 0$；第二，$NPVR \geq 0$；第三，$PVI \geq 1$；第四，$IRRA \geq i$（$i$ 为资本成本或投资项目的行业基准利率，下同）；第五，$P \leq P_0$（P 为静态投资回收期，$P_0$ 为标准静态投资回收期，下同）；第六，$ROI \geq i$（i 为基准投资收益率，下同）。

如果某一投资项目的评价指标不满足上述条件，即发生以下情况，则可以断定，该投资项目无论从哪个方面来看，都不具备财务可行性，毫无疑问，此时应当放弃该投资项目。这些情况是：第一，$NPV < 0$；第二，$NPVR < 0$；第三，$PVI < 1$；第四，$IRR < i$；第五，$P > P_0$；第六，$ROI < i$。

当静态投资回收期（次要指标）或投资收益率（辅助指标）的评价结论与净现值等主要指标的评价结论发生矛盾时，应当以主要指标的结论为准。

在评价过程中，如果发现某项目的主要指标 $NPV \geq 0$，$NPVR \geq 0$，$PVI \geq 1$，$IRR \geq i$，但次要指标或辅助指标 $P > P_0$ 或 $ROI < i$，则可断定该项目基本上具有财务可行性。相反，如果出现 $NPV < 0$，$NPVR < 0$，$PVI < 1$，$IRR < i$ 的情况，即使 $P < P_0$ 或 $ROI \geq i$，也可基本断定该项目不具有财务可行性。

## 二、多个互斥项目的财务可行性分析

企业在进行项目投资决策时，常常会遇到必须从多个可供选择的投资项目中选择一个的情况，这就是互斥项目的投资决策问题。互斥项目投资决策过程就是在每一个人选方案已具备财务可行性的前提下，利用具体决策方法比较各个方案的优劣，利用评价指标从各个备选方案中最终选出一个最优方案的过程。

互斥项目投资决策的方法主要有净现值法、净现值率法、差额投资内含报酬率法和年等额净回收额法等。

### (一) 净现值法和净现值率法

净现值法和净现值率法适用于原始投资相同且项目计算期相等的多方案比较决策，即可以选择净现值或净现值率大的方案作为最优方案。

### (二) 差额投资内含报酬率法和年等额净回收额法

差额投资内含报酬率法和年等额净回收额法适用于原始投资不相同的多项目的比较，后者尤其适用于项目计算期不同的多项目的比较决策。

#### 1. 差额投资内含报酬率法

差额投资内含报酬率法是指在计算出两个原始投资额不相等的投资项目的差量现金净流量的基础上，计算出差额内含报酬率，并据以判断这两个投资项目孰优孰劣的方法。在此法下，当差额投资内含报酬率指标大于或等于基准收益率或设定贴现率时，原始投资额大的项目较优；反之，则投资少的项目较优。

差额投资内含报酬率法与内含报酬率法的计算过程一样，只是差额投资内含报酬率法所依据的是差量现金净流量。差额投资内含报酬率法还经常被用于更新改造项目的决策。当某项目的差额投资内含报酬率指标大于或等于基准收益率或设定贴现率时，该项目应当进行更新改造；反之，该项目就不应当进行更新改造。

#### 2. 年等额净回收额法

年等额净回收额法是指根据所有投资项目的年等额净回收额指标的大小来选择最优项目的一种投资决策方法。某一方案年等额净回收额等于该方案净现值与相关的资本回收系数的乘积。若某方案净现值为NPV，设定折现率或基准收益率为 i，项目计算期为 n，则年等额净回收额的计算公式为：

$$A = NPV \cdot (A/P, i, n) = NPV / (P/A, i, n)$$

式中：A——该项目的年等额净回收额；

(A/P, $i$, $n$)——第 $n$ 年折现率为 $i$ 的资本回收系数；

(P/A, $i$, $n$)——第 $n$ 年折现率为 $i$ 的年金现值系数。

采用年等额净回收额的方法是在所有投资项目中，以年等额净回收额最大的项目为优。

项目投资是一种以特定项目为对象，直接与新建项目或更新改造项目有关的长期投资行为。与项目投资决策有关的现金流量是进行项目投资分析的基础。投资评价决策的指标主要有两大类：一类是非贴现指标，包括投资回收期、会计收益率；另一类是贴现指标，包括净现值、净现值率、现值指数、内含报酬率。

# 第四章　营运资本管理

## 第一节　营运资金管理概述

### 一、营运资金的概念

营运资金又称营运资本，它有广义和狭义两种定义。广义的营运资金又称总营运资金，就是企业的流动资产总额，主要应用于研究企业资产的流动性和周转状况，是财务管理上关注的概念；狭义的营运资金，又称净营运资金，是指企业的流动资产总额减去各类流动负债后的余额，主要用于衡量企业的偿债能力和财务风险，是会计上关注的概念。

### 二、营运资金的特点

为了有效地管理企业的营运资金，必须研究营运资金的特点，以便有针对性地进行管理。通常营运资金具有以下特点。

#### （一）营运资金周转的短期性

企业占用在流动资产上的资金，周转一次所需时间较短，通常会在1年或1个营业周期内收回，对企业影响较小。根据这一特点，营运资金可通过商业信用、银行短期借款等筹资方式来加以解决。

#### （二）营运资金数量的波动性

流动资产的数量会随企业内外部条件的变化而变化，时高时低，波动很大。特别是对于季节性企业，随着企业内外部条件的变动，流动负债的数量也会相应发生变动。财务人员应有效地预测和控制这种波动，以防止其影响企业正常的经营活动。对于流动资产管理来说，要尽量使流动资产的数量变动与企业生产经营波动保持一致，以满足企业需要。

### （三）营运资金实物形态的变现性

短期投资、应收账款、存货等流动资产一般具有较强的变现能力，如果遇到意外情况，企业出现资金周转不灵、现金短缺时，便可以迅速变卖这些资产，以获取现金。这对财务上应付临时性资金需求具有重要意义。

### （四）营运资金实物形态的并存性

企业营运资金的实物形态是经常变化的，一般在现金、材料、在产品、产成品、应收账款、现金之间顺序转化。企业筹集的资金，一般以现金形式存在，为了保证生产经营的正常进行，必须拿出一部分现金去采购材料。这样有一部分现金便转化为材料；材料投入生产，当产品进一步加工完成后，就成为准备出售的产成品；产成品经过出售有的可直接获得现金，有的则因赊销而形成应收账款；经过一定时期以后，应收账款通过收现又转化为现金。总之，流动资金每次循环都要经过采购、生产、销售过程，并表现为现金、材料、在产品、产成品、应收账款等具体形态。为此，在进行流动资产管理时，必须在各项流动资产上合理配置资金数额，以使资金周转顺利进行。

### （五）营运资金来源的多样性

企业筹集长期资本的方式比较固定，一般有吸收直接投资、发行股票、发行债券、银行长期借款等。企业筹集营运资金的方式却较为灵活多样，通常有银行短期借款、短期融资券、商业信用、应交税金、应交利润、应付工资、应付费用、预收货款、票据贴现等。

## 三、营运资金管理的主要内容

### （一）现金管理

现金管理的目的是在保证企业生产经营所需现金的同时，节约使用资金，并从暂时闲置的现金中获得最多的收益。持有足够的现金不仅能增强企业资产的流动性，还能应付意外事件对现金的需求，从而降低企业的财务风险。加强现金管理是企业营运资金管理中的一项较为重要的内容。

## （二）应收账款管理

企业存在应收账款，一方面可以提高企业的竞争能力，扩大销售、减少存货；另一方面应收账款的各种成本的增加又不可避免。因此，制定合理的信用政策，权衡应收账款的收益与风险，比较不同方案下的成本与收益，追求应收账款管理效益最大化。

## （三）存货管理

存货是流动资产的重要组成部分。存货控制和管理效率的高低，直接影响企业资产的流动性和生产经营过程的连续性。存货管理的目的在于控制存货投资水平，降低存货成本，加速存货周转率。

# 四、营运资金管理策略

由于营运资金具有上述一些特点，所以进行营运资金管理是一项非常重要的工作。那么，究竟应采取什么样的策略进行管理呢？

## （一）营运资金的投资策略

营运资金投资策略即企业流动资产的投资策略，是指在营利性和风险性权衡的基础上，营运资金存量规模的选择。通常，营运资金的投资策略有以下三种基本类型。

### 1．保守的营运资金投资策略

这种策略不但要求企业流动资产总量要足够充裕，在总资产中占比较高，还要求流动资产中流动性较高的项目也要保持足够的数量。该策略虽降低了企业的风险，但也降低了企业的盈利能力。因为在企业总资产一定的情况下，投放在流动资产上的资金量加大，必然导致投放在获利能力较强的长期资产上的资金减少，所以这种策略是一种低风险、低收益的管理策略。一般情况下，企业在外部环境不确定程度较高时，为规避风险多采用这种策略。

## 2. 激进的营运资金投资策略

这种策略不但要求企业最大限度地削减流动资产存量，使其在总资产中的占比尽可能低，而且还要尽量减少流动性较高项目在流动资产中的占比。该策略虽然可以增加企业的资产报酬率，但也相应提高了企业的流动性风险。所以，激进的营运资金投资策略是一种高风险、高收益的策略。一般来讲，它只适合外部环境相当稳定的企业。

## 3. 适中的营运资金投资策略

这种策略要求企业流动资产的存量管理介于前两者之间，由此所形成的风险和收益也介于前两者之间。一般来讲，企业流动资产的数量按其功能可划分为两部分：一部分是正常需求量，满足正常生产经营活动的需要；另一部分是保险储备量，应付意外情况的发生。适中的营运资金投资策略就是在保证企业正常生产经营对流动资产需求的情况下，留有一定的保险储备，并在流动资产各项目之间确定一定的比例构成。

总之，企业在制订营运资金投资策略时，首先需要权衡的是资产的收益性与风险性。增加流动资产投资会增加流动资产的持有成本，降低资产的收益性，但会提高资产的流动性。反之，减少流动资产投资会降低流动资产的持有成本，增加资产的收益性，但资产的流动性会降低，短缺成本会增加。因此，从理论上来讲，最优的流动资产投资应该是使流动资产的持有成本与短缺成本之和最低。

制订营运资金投资策略时还应充分考虑企业经营的内外部环境。通常，银行和其他借款人对企业流动性水平非常重视，因为流动性是这些债权人确定信用额度和借款利率的主要依据之一。他们还会考虑应收账款和存货的质量，尤其是当这些资产被用来当作一项贷款的抵押品时。

## （二）营运资金的融资策略

营运资金的融资策略是为流动资产筹措资金的策略选择，解决的是流动资产与流动负债的匹配问题。具体而言就是如何安排临时性流动资产和永久性流动资产的资金来源。

为了更好地理解营运资金的融资策略，有必要将几组概念辨析一下：

第一，临时性流动资产和永久性流动资产。流动资产按用途划分，可分为临时性流动资产和永久性流动资产。临时性流动资产是指受季节性或周期性影响的流动资产，如季节性存货、经营旺季的应收账款等。永久性流动资产是指为满足企业长期稳定发展需要，即使处于销售和经营低谷也必须保留的流动资产。

第二，自发性短期负债和临时性短期负债。流动负债按形成方式划分，可分为自发性短期负债和临时性短期负债。自发性短期负债是指直接产生于企业生产经营中的商业信用筹资，如应付账款、应付工资等。临时性短期负债则是为了满足临时性流动资金的需要而发生的负债，如为了满足临时性需要而向银行借入的短期借款。

第三，长期融资和短期融资。长期融资包括权益融资和长期负债融资，短期融资则是各种类型的流动负债融资。

根据企业对待风险的态度以及企业承受风险的能力，营运资金融资策略可分为以下三类：

### 1. 配比型融资策略

在配比型融资策略中，企业用临时性短期负债实现对临时性流动资产进行融资，而用自发性短期负债和长期融资对永久性流动资产和长期资产进行融资。

在这种策略下，由于是将资产与负债的期间相配合，尽可能地降低企业不能偿还到期债务的风险，尽可能地降低债务的资本成本，所以该政策要求企业的临时性短期负债的筹资计划必须严密，尽量实现现金流与预期安排相一致。但是，企业往往达不到资产与负债的完全匹配。所以，此策略是一种理想的融资策略，在现实生活中难以实现。

### 2. 保守型融资策略

保守型融资策略是指企业利用长期融资和自发性短期负债在对永久性流动资产和长期资产进行融资外，也对部分临时性流动资产进行融资的策略。

在这种策略下，由于临时性短期负债所占比重较小，企业无法偿还到期债务的风险较低。另外，因长期负债资本成本较高，以及经营淡季时仍需负担长期负债的利息，会降低企业的收益。所以保守型融资策略是一种风险和收益均较低的营运资金筹资策略。

### 3. 激进型融资策略

激进型融资策略是指企业不但安排临时性短期负债满足全部临时性流动资产的资金需要，还要解决部分永久性资产的资金需要。一方面，在这种策略下，由于临时性负债所占比重较大，且临时性负债的资本成本一般低于长期融资的资本成本，所以该策略下企业资本成本较低；另一方面，临时性负债的偿还期限较短，这样企业需要频繁地举新债、还旧债，从而加大融资困难和不确定性风险。所以激进型融资策略是一种风险和收益均较高的营运资金筹资策略。

综上所述，进行营运资金管理的策略主要有营运资金的投资策略和融资策略两种，究竟选用哪种方法应视具体情况而定。同时，营运资金在管理过程中应保证合理的资金需求、提高资金使用效率、节约资金使用成本和保持足够的短期偿债能力。

# 第二节　现金管理

现金有狭义和广义之分。狭义的现金仅指库存现金。广义的现金则包括现金及其等价物，如银行存款、其他货币资金、有价证券等。现金是企业流动性最强的资产，但是闲置的现金盈利能力极差。现金管理就是要权衡持有过多现金导致资金使用率低下和现金短缺引起的支付风险二者之间的关系。

## 一、持有现金的动机

持有现金的基本需求包括交易性需求、预防性需求和投机性需求。

### （一）交易性需求

### 1. 含义

为维持日常周转及正常商业活动所需持有的现金额。

## 2．影响因素

向客户提供的商业信用条件（同向）；从供应商那里获得的信用条件（反向）；业务的季节性。

## （二）预防性需求

### 1．含义

企业需要维持充足现金，以应付突发事件（大客户违约）。

### 2．影响因素

持有现金额的多少取决于以下三个方面：一是企业愿冒缺少现金风险的程度（反向）；二是企业预测现金收支可靠的程度（反向）；三是企业临时融资的能力（反向）。

## （三）投机性需求

### 1．含义

为抓住突然出现的获利机会而持有的现金。

### 2．影响因素

如证券价格的突然下跌，企业若没有用于投机的现金，就会错过这一机会。

# 二、持有现金的成本

## （一）机会成本

机会成本是指因持有一定现金余额而丧失的再投资收益，一般可用企业投资收益率来表示。例如，某企业进行证券投资的收益率是 10%，若该企业持有 1000 万元现金，没有用这部分现金进行证券投资，就会丧失 100 万元的投资收益，形成机会成本。现金持有量越大，机会成本越高，反之就越低。机会成本计算公式为：

$$机会成本＝现金平均持有量×投资收益率$$

## （二）转换成本

转换成本是指企业用现金购入有价证券或是转让有价证券换取现金时所需要付出的一定的交易费用，如委托买卖佣金、委托手续费、证券过户费、实务交割手续费等。

转换成本包括固定性转换成本和变动性转换成本。固定性转换成本与每次现金转换金额无关。但是，在现金需要量既定的前提下，现金持有量越少，进行证券变现的次数就越多，相应的转换成本也就越高；反之，现金持有量越多，证券变现的次数就越少，需要转换的成本开支也就越少。可见，在现金需求总量一定的前提下，固定性转换成本同现金持有量呈反向变动关系。其计算公式为：

固定性转换成本总额＝证券变现次数×每次的转换成本

变动性转换成本，如证券委托买卖佣金、手续费等，是按每次现金转换金额乘以一定的手续费率进行计算的。但是，在现金需求总量一定的前提下，证券转换总额也是既定的。此时，无论证券转换多少次，所需支付的委托成交费用都是相同的。因此，变动性转换成本在现金需求总量既定的条件下，属于与决策无关的成本，自然不予考虑。后面讨论的转换成本仅指固定性转换成本。

（三）短缺成本

短缺成本是指因现金持有量不足而又无法及时变现的有价证券加以补充，给企业所带来的损失，包括直接损失和间接损失。直接损失是由于现金的短缺而使企业生产经营及投资受到的影响及造成的损失。例如，由于现金短缺无法及时购入生产所需材料，造成停工待料的损失。间接损失则是由于现金的短缺而给企业带来的无形损失，如企业由于不能按期交货给企业信用、形象等方面造成的伤害。

现金的短缺成本随现金持有量的增加而降低，随金持有量的减少而上升，即与现金持有量呈反向变动关系。

（四）管理成本

管理成本是指为了对所持有现金进行管理而发生的管理费用，主要包括管理人员的工资及必要的安全设施费用等。持有现金的管理费用在一定范围内与持有现金的数量没有密切的关系，属于与决策无关的成本。

## 三、最佳现金持有量确定

### (一) 成本分析模式

成本分析模式是根据对企业持有现金的机会成本、管理成本和短缺成本来确定最佳现金持有量的方法。该模式下，企业最佳现金持有量就是使上述三种成本之和最小时的现金持有量。其计算公式为：

现金总成本＝min（机会成本＋管理成本＋短缺成本）

成本分析模式适用范围广泛，尤其适用于现金收支波动较大的企业，但是持有现金的短缺成本较难准确预测。

### (二) 存货模型

存货模型是将现金看作企业的一种特殊存货，按照存货管理中的经济批量法的原理，确定企业现金最佳持有量的方法。这一模式是由美国经济学家威廉·J. 鲍莫（William J. Baumol）于 20 世纪 50 年代首先提出的，故又称为"鲍莫模型"。

采用存货模式测算最佳现金持有量是建立在下列假设基础上的：一是企业未来年度的现金需求总量可以预测；二是可通过出售短期有价证券来获得所需现金；三是现金支出是均匀的，且每当现金余额接近于零时，短期证券就可转换为现金，即企业不存在短缺成本。

存货模型的优点是计算结果比较精确，但它是以现金支出均匀发生、现金持有成本和转换成本易于预测为前提条件推算得到的。当企业现金收支波动较大时，这种方法的应用就受到了局限。

### (三) 随机模型

随机模型是在现金需求量难以预测的情况下进行现金持有量控制的方法。其基本原理是，企业根据历史经验和现实需要，测算出一个现金持有量的控制范围，即制定出现金持有量的上限和下限，将现金持有量控制在上下限之内。若现金持有量在控制的上下限之内，则不必进行现金与有价证券的转换，保持它们各自的现有存量；当现金持有量达到上限或下限时，通过现金与有价证券的转换，使现金持有量回到返回线。

## 四、现金的日常管理

现金的日常管理主要存在于以下两个方面：

### （一）加速收款

为了提高现金的使用效率，加速现金周转，企业应尽量加速账款的收回。一般来说，企业账款收回包括三个阶段：客户开出支票、企业收到支票、银行结算支票。企业账款收回的时间包括支票邮寄时间、支票在企业停留时间以及支票结算时间。前两个阶段时间的长短不但与客户、企业、银行之间的距离有关，而且与收款的效率有关。在实际工作中，缩短这两段时间的方法一般有锁箱法、银行业务集中法等。

#### 1. 锁箱法

这是西方企业加速现金流转的一种常用方法。企业可以在各主要业务所在地城市租用专门的邮政信箱，并开立分行存款户。客户将支票直接寄往该邮箱而不是企业，当地银行每日开启信箱，将客户支票立即结算，并通过电汇再将款项拨给企业总部所在地银行。锁箱法不仅缩短了支票邮寄时间，还简化了公司办理收账、货款存入银行等手续，因而也缩短了支票在企业的停留时间。

#### 2. 银行业务集中法

这是一种企业建立多个收款中心来加速现金流转的方法。在该方法下，企业指定一个主要开户行（通常在企业总部所在地）为集中银行，并在收款额较集中的若干地区设立收款中心；客户将支票直接汇给当地收款中心，中心收款后立即存入当地银行；当地银行在进行票据交换后立即转给企业总部所在银行。该方法同样缩短了支票邮寄时间，也就是缩短了现金从客户到企业的中间周转时间。

除上述两种方法外，还可以采取电汇、大额款项专人处理、企业内部往来多边结算、集中轧抵等办法，缩短支票邮寄和停留时间。

银行办理支票的结算时间一般来说与企业自身努力关系不大。但从我国的现实情况看，不同专业银行之间的清算时间要长于同一专业银行内部的清算时间，这样企业就可以根据客户付款的专业银行在该行开立账户；或者在各主要专业银行开设账户，然后按客户银行的性质，指定客户将货款汇入同一专业银行的本企业账户中。

（二）控制支出

与现金收入的管理相反，现金支出管理的主要任务是尽可能地延缓现金的支出时间。当然，这种延缓必须是合理合法的，否则企业延期支付账款所得到的收益将远远低于其由此而遭受的信用损失。延期支付款项主要有如下方法。

1. 使用现金"浮游量"

所谓现金浮游量是指企业账户上现金余额与银行账户上所示存款余额之间的差额，即企业已做付款记账而银行尚未付出的那笔款项。这主要是因为有些支票企业已开出，但客户还未到银行兑现。如能正确预测浮游量并加以利用，可节约大量现金。

2. 推迟应付款的支付

企业在不影响信誉的情况下，应尽可能推迟应付款的支付。例如，充分利用供货方提供的信用期，选择离供货方较远的银行或金融机构处理给供货人的欠款支票等。

3. 汇票付款

在使用支票付款时，只要受票人将支票放进银行，付款人就要无条件地付款。但汇票不是"见票即付"的付款方式，在受票人将汇票存入银行后，银行要将汇票送交付款人承兑，并由付款人将一笔相当于汇票金额的现金存入银行后，银行才会付款给受票人。这样就可能合法地延期付款。

4. 延缓工资支付

有的企业在银行单独开设一个账户专供支付职工工资，每到工资支付日时，向这一账户存入资金，再由银行转账给职工个人账户。为了最大限度地减少这个账户存款余额，企业可预先估计出开出支付工资支票到银行兑现的时间。例如，某企业在每月5日支付工资，根据经验，5、

6、7 日及 7 日以后的兑现率分别为 20％、25％、30％和 25％。这样，企业就不必在 5 日存足支付全部工资所需的现金，而可以将余下的部分现金用于其他投资。

# 第三节　应收账款管理

应收账款是指企业因销售产品或提供劳务等业务，应向购货单位或接受劳务单位收取的款项，是企业流动资产投资的重要组成部分。随着市场经济的发展，商业信用的推行，企业应收账款数额明显增多，应收账款管理已成为流动资产管理中一个重要的问题。企业进行应收账款管理，一方面，可以提高企业的竞争能力，扩大销售，减少存货；另一方面，应收账款各种成本的增加又不可避免。因此，制定合理的信用政策，权衡应收账款的收益与风险，比较不同方案下的成本与收益，追求应收账款管理效益最大化，就成为应收账款的管理目标。

## 一、应收账款的成本

### （一）机会成本

应收账款的机会成本是指企业的资金被应收账款占用所丧失的潜在收益，它既与应收账款的数额有关，也与应收账款占用时间的长短有关，还与参照利率有关。参照利率可用以下两种方法确定：一是假定资金没被应收账款占用，即应收账款款项已经收讫，那么这些资金便可用于投资，取得投资收益，参照利率就是投资收益率；二是若这些资金可扣减筹资数额，供企业经营中使用而减少筹资用资的资金成本，参照利率就是企业的平均资本成本率。

计算公式为：

应收账款机会成本＝维持赊销业务所需要的资金×参照利率

　　　　　　　　＝应收账款平均余额×变动成本率×参照利率

其中：

$$应收账款平均余额＝赊销收入净额/应收账款周转率$$
$$＝（销收入净额×应收账款周转期）/360$$

上式中应收账款周转期相当于应收账款平均收账期，在平均收账期不清楚的情况下，可用信用期限近似替代。

### （二）管理成本

应收账款的管理成本是指企业对应收账款进行管理而发生的开支。管理成本包括对客户的信用调查费用、应收账款记录分析费用、催收账款费用等。在应收账款一定数额范围内，管理成本一般为固定成本。

### （三）坏账成本

坏账成本是指应收账款因故不能收回而发生的损失。存在应收账款就难以避免坏账的发生，这会给企业带来不稳定与风险，企业可按有关规定以应收账款余额的一定比例提取坏账准备。坏账成本一般与应收账款的数额和拖欠时间有关。

## 二、信用政策

信用政策就是应收账款的管理政策，是指企业为对应收账款投资进行规划与控制而确立的基本原则与行为规范，包括信用标准、信用条件和收账政策。

### （一）信用标准

信用标准是企业提供商业信用时要求客户所应具备的最低条件，通常以预期的坏账损失率表示。如客户达不到信用标准，则不能享受企业的信用或只能享受较低的信用优惠。信用标准必须合理，如果过高会使企业客户减少，这虽然有利于减少坏账损失及收账费用，但也可能会造成销售下降、库存增加，企业的竞争力受到削弱。相反，如果企业放宽信用标准，虽然有利于扩大销售收入，提高企业的市场份额，但同时也会导致坏账损失风险和收账费用增加。因此，企业应根据具体情况，制定适当的信用标准。企业在设定某一顾客的信用标准时，往往先要评估它赖账的可能性。这可以通过"5C"系统来完成。所谓"5C"系统，就是评估顾客信用的五个方面，即品质（Character）、能力（Capacity）、资本（Capital）、抵押品（Collateral）和状况（Conditions）。

### 1. 品质

品质就是客户的信誉，即客户履行其偿债义务的可能性。它是信用评价体系中的首要因素。企业必须设法了解客户过去的付款记录，看其是否具有按期如数付款的一贯做法、与其他供货企业的关系是否良好。

### 2. 能力

能力是指客户的偿债能力，即其流动资产的数量和质量以及与流动负债的比例。同时，还应注意客户流动资产的质量，看是否有存货过多、过时或质量下降，而影响其变现能力和支付能力的情况。

### 3. 资本

资本是指客户的财务实力和财务状况，表明客户可能偿还债务的背景指标主要是根据有关的财务比率来测定客户净资产的大小及其获利的可能性。

### 4. 抵押品

抵押是指顾客拒付款项或无力支付款项时能被用作抵押的资产。这对于不知底细或信用状况有争议的顾客尤为重要。一旦收不到这些客户的款项，便以抵押品抵补。如果这些顾客能够提供足够的抵押资产，就可以考虑向他们提供相应的交易信用。

### 5. 状况

状况是指可能影响顾客付款能力的经济环境。例如，万一出现经济不景气，会对顾客的付款产生什么影响，顾客会如何做等，这一点可以通过了解顾客在过去困难时期的付款历史，来分析外部环境的变化对客户偿付能力的影响及客户是否具有较强的应变能力。

企业通过上述五个方面的分析，基本上可以对客户的信用状况做出评价，从而作为企业向客户提供商业信用的依据。

## （二）信用条件

信用条件是企业接受客户信用订单时所提出的付款要求。一旦某客户符合企业的信用标准而成为信用客户时，就会面临信用条件的选择。信用条件主要包括信用期限、折扣期限、现金折扣率。

1. 信用期限

信用期限是企业给予顾客的付款时间。例如，若某企业允许顾客在购货后 50 天内付款，则信用期为 50 天。信用期过短，不足以吸引顾客，在竞争中会使销售额下降；信用期过长，对销售额增加固然有利，但只顾及销售增长而盲目放宽信用期，所得的收益有时会被增长的费用抵消，甚至造成利润减少。因此，企业必须慎重考虑恰当的信用期。

信用期的确定，主要是分析改变现行信用期对收入和成本的影响。延长信用期，会使销售额增加，产生有利影响。与此同时，应收账款、收账费用和坏账损失增加，会产生不利影响。当前者大于后者时，可以延长信用期，否则不宜延长。如果缩短信用期，情况与此相反。

2. 现金折扣

现金折扣是企业为鼓励顾客提前付款而给予价格上的一些扣减，其目的在于缩短应收账款的平均收款期。另外，现金折扣也能招揽一些视折扣为减价出售的顾客来购货，借此扩大销售量。折扣的表示常采用如 5/10、3/20、N/30 这样一些符号形式。这些符号的含义为：5/10 表示 10 天内付款，可享受 5% 的价格优惠，即只需支付原价的 95%，如原价为 10000 元，只支付 9500 元；3/20 表示 20 天内付款，可享受 3% 的价格优惠；N/30 表示付款的最后期限为 30 天，此时付款无优惠。

企业采用什么程度的现金折扣，要与信用期间结合起来考虑。例如，要求顾客最迟不超过 30 天付款，若希望顾客在 20 天、10 天付款，能给予多大折扣？或者给予 5%、3% 的折扣，能吸引顾客在多少天内付款？不论是信用期间还是现金折扣，都可能给企业带来收益，但也会增加成本。现金折扣带给企业的好处前面已讲过，它使企业增加的成本，是指价格折扣损失。当企业给予顾客某种现金折扣时，应当考虑折扣所能带来的收益与成本孰高孰低，权衡利弊后再做决断。

因为现金折扣是与信用期间结合使用的，所以确定折扣程度的方法与程序实际上与前述确定信用期间的方法与程序是一致的，只不过要把所提供的延期付款时间和折扣综合起来，看各方案所提供的延期付款时间与折扣能取得多大的收益增量，再计算各方案带来的成本变化，最终确定最佳方案。

（三）收账政策

收账政策是指客户违反信用条件，拖欠甚至拒付账款时企业应采取的策略。

企业应投入一定收账费用以减少坏账的发生。一般来说，随着收账费用的增加，坏账损失会逐渐减少，但收账费用不是越多越好，因为收账费用增加到一定数额后，坏账损失不再减少，说明在市场经济条件下不可能绝对避免坏账。收账费用投入多少合适要在权衡增加的收账费用和减少的坏账损失后做出。

企业对客户欠款的催收应做到有理、有利、有节。对超过信用期限不多的客户宜采用电话、发短信等方式提醒对方付款；对久拖不还的欠款，应调查分析客户欠款不还的原因：如客户确因财务困难而无力支付，则应与客户相互协商沟通，寻求解决问题的较理想的办法，甚至对客户予以适当帮助、进行债务重整等；如客户欠款后恶意赖账、品质恶劣，则应逐渐加大催账力度，直至诉诸法律，并将该客户从信用名单中剔除。对客户的强硬措施应尽量避免，要珍惜与客户之间的友情，以有利于树立企业的良好形象。

## 三、应收账款的日常管理

（一）制定合理的信用政策

信用政策的制定既要考虑不会因过严而使销售额下降，又要考虑不会因过松而使相应成本增加，因此就是要在收益与成本之间做出权衡。

（二）加强应收账款的风险分析，建立坏账准备制度

应收账款发生后，企业应采取种种措施，尽可能按期收回应收账款。一般而言，顾客拖欠账款时间越长，发生坏账损失的风险也就越

高。日常企业应做好应收账款风险（账龄）分析，建立坏账准备制度，密切关注应收账款的回收进度和发生的变化。

### 1. 建立应收账款坏账准备制度

企业应遵循稳健性原则，对风险损失的可能性预先进行估计，积极建立弥补坏账损失的准备制度，根据《企业会计准则》的规定和企业实际情况，合理计提坏账准备。

### 2. 降低应收账款风险可将应收账款转化为应收票据

由于应收票据具有很强的追索性，到期前可以背书转让或贴现，能够在一定程度上降低风险损失。所以，当客户到期不能偿还货款时，企业可要求客户开具承兑汇票以抵销其应收账款。

### （三）不断完善收账政策

当企业应收账款受到顾客拖欠或拒付时，企业应当先分析现行的信用政策和信用审批制度是否存在纰漏，然后对违约客户的信用等级重新调查摸底，进行再认识，对不同信用等级客户制定出不同的收账政策。

企业在催收账款时肯定要发生收账费用，有些收款方式的收账费用还会很高。一般来说，收账费用越高，收账措施越有力，收回账款的可能性就越大，损失就越小。因此，企业在制定收账政策时，要在收账费用和减少坏账损失之间做出权衡，制定出有效的收账措施，提高应收账款变现的能力。

### （四）加强应收账款成本管理

应收账款一旦形成，企业就不可避免地要承担相应的成本。应收账款不断增多，会占用企业正常周转的流动资金，影响企业正常经营。因此，企业管理层在生产经营过程中，要逐步更新观念，从注重企业效益入手，切实抓好企业管理工作，降低应收账款的资金占用；要严格赊销审批手续，加强赊销数额的管理；要从融资成本考虑，如果赊销额占企业流动资产总量比重较大，其成本会增大，风险也会随之增大，影响企业正常运行；要加强应收账款的核对和定期核查，防范因管理不严而出现的挪用、贪污及资金体外循环等问题，避免呆坏账的产生；对发生的坏账，要在取得确凿证据后，根据确认坏账的标准，及时入账，防止资金损失。总之，企业必须加强应收款成本管理，制定严格的信用政策和收账政策，尽量减少不必要的费用支出，把损失降到最低。

综上所述，应收账款的日常管理是一项系统性的管理活动，企业要加强财务管理，充分利用规章制度等制约机制，发挥管理工作的整体效率，坚持原则性和灵活性相结合的原则，在确保企业经营成果的同时，尽量避免坏账损失，促进企业持续、稳定地发展。

# 第四节　存货管理

存货是指企业在生产经营过程中为生产或销售而储备的物资，如材料、在产品、产成品等，是流动资产的重要组成部分。企业持有存货的基本目的是保证生产经营活动的顺利进行，因此，绝大多数工商企业均拥有相当规模的存货。由于存货占用企业的大量资金，所以企业对存货管理效率的高低对其财务状况的影响极大。为此，加强存货的规划与控制，使存货规模保持在合理的水平上，成为企业财务管理的一项重要工作。

## 一、存货的成本

存货的成本主要由以下几部分构成。

### （一）取得成本（$TC_a$）

取得成本是指存货取得时发生的成本，主要包括购置成本和订货成本。

购置成本是指存货本身的价值，等于购置数量与单价的乘积。

订货成本是指企业为组织进货而开支的费用，如办公费、差旅费、邮资、电话费、运输费、检验费、入库搬运费等支出。订货成本有一部分与订货次数有关，如差旅费、邮资、电话费等，这些费用与进货次数呈同方向变动，因而称为变动性订货成本；另一部分与订货次数无关，如专设采购机构的基本开支等，这类成本便是固定性订货成本。

### （二）储存成本（$TC_c$）

储存成本是指企业为持有存货而发生的费用，主要包括存货资金占用费（存货资金的机会成本）、仓储费用、保险费、存货毁损变质损失等。与进货费用一样，储存成本可以按照与储存数量的关系分为变动性储存成本和固定性储存成本两类。

固定性储存成本与存货储存数量的多少没有直接联系，如仓库折旧费、仓库职工的固定月工资等；而变动性储存成本则随着存货储存数量的增减同比例变动，如存货资金的应计利息、存货毁损和变质损失、存货的保险费等。企业要降低储存成本，主要措施是采用小批量订货方式，增加订货次数，从而减少存货的储存数量。

### （三）缺货成本（$TC_s$）

缺货成本是因存货不足而给企业造成的损失，包括由于材料供应中断造成的停工损失、成品供应中断导致延误发货的信誉损失和丧失销售机会的损失等。如果生产企业能够以替代材料解决库存材料供应中断之急，缺货成本便表现为替代材料紧急采购的额外开支。

存货总成本可用以下公式表示：

$$TC = TC_a + TC_c + TC_s = DU + \frac{D}{Q}K + F_1 + \frac{Q}{2}K_c + F_2 + SK_u \frac{D}{Q}$$

式中：D——存货年需求量；

　　　$F_1$——订货固定成本；

　　　U——存货的单价；

　　　$F_2$——储存固定成本；

　　　Q——存货每次进货量；

　　　$K_u$——单位缺货成本；

　　　K——单位订货变动成本；

　　　$K_2$——单位储存变动成本；

　　　S——一次订货的缺货量。

## 二、最佳进货量的确定

### （一）经济批量

存货的经济批量又称最佳经济批量，是使一定时期存货的相关总成本最低的进货批量。

### （二）企业在进行经济批量决策时常基于以下假设

能及时补充存货，即需要存货时便可立即取得存货；能集中到货，即不是陆续入库；不允许缺货，即无缺货成本，$TC_s$ 为零；需求量稳定并能预测，即 D 为已知常量；存货单价不变，即 U 为已知常量，且不存在数量折扣；企业现金充足，不会因现金短缺而影响进货；所需存货市场供应充足，不会因为买不到需要的存货而影响生产。

### （三）最佳经济批量的计算

根据上述假设条件，与存货订购批量、批次直接相关的只有订货变动成本和变动储存成本两项。这样，存货总成本计算公式可简化为：

$$TC = \frac{D}{Q}K + \frac{Q}{2}K_c$$

当值 TC 最小时得到的进货批量为 $Q^*$，称之为最佳经济批量（或最佳订货量）。

### （四）经济批量模型的扩展

#### 1. 存在数量折扣情况下经济进货批量的确定

为了鼓励客户购买更多的商品，销售企业通常会给予不同程度的价格优惠，即实行数量折扣或称价格折扣。购买越多，所获得的价格优惠越大。此时，进货企业对经济进货批量的确定，除了考虑订货成本与变动储存成本外，还应考虑存货的购置成本，因为此时存货购置成本已经与进货数量的大小有了直接联系，属于决策的相关成本。

其计算的基本步骤为：首先按照基本模式确定无数量折扣情况下的经济进货批量及其相关总成本，然后加进不同批量的购置成本差异因素，通过比较确定成本总额最低的进货批量。

## 2. 存在缺货情况下经济进货批量的确定

允许缺货情况下，企业对经济进货批量的确定，就不仅要考虑进货费用与储存费用，而且还必须考虑可能的缺货成本。此时存货相关总成本的计算公式为：

存货相关总成本＝变动性订货成本＋变动性储存成本＋缺货成本

允许缺货情况下的经济进货批量计算公式为：

$$Q = \sqrt{\frac{2KD}{K_c} \times \frac{K_c + K_U}{K_u}}$$

一次订货的缺货量：

$$S = \frac{QK}{K_c + K_u}$$

## 3. 保险储备量与再订货点

在许多情况下，企业的存货会受存货需求与耗用以及每次订货的保障程度等不确定因素的影响而发生短缺，因此，企业就不能等到存货全部用尽后才去订货，而必须留有一定的保险储备量，并确定合理的订货点。

（1）保险储备量的确定

订货间隔期是指为保证生产经营的顺利进行，测定出的要提前购入存货的天数。影响保险储备量的因素主要是存货需求量和订货间隔期。其计算公式为：

保险储备量＝（预计每天最大耗用量－平均每天正常耗用量）×订货间隔期

（2）再订货点的确定

再订货点是指当企业存货降低到某一数量时，采购部门就应立即再一次订货。一般企业再订货点的确定方法是企业订货间隔期内正常耗用量加保险储备量之和。其计算公式为：

再订货点＝（平均每天正常耗用量×订货间隔期）＋保险储备量

　　　　＝预计每天最大耗用量×订货间隔期

当企业达到再订货点时，便立即发出订货单，等到下批订货到达，原有库存正好用到保险储备量，此时新购入的存货恰好接上，保证了正常的生产经营。

## 三、存货日常管理

### （一）完善内部控制制度，明确职权，保证效力

首先，内部控制的基础就是要形成权力的相互制约，在存货管理的过程中要保证采购权、验收权和保管权分属于不同的部门，以避免徇私舞弊情况的发生，保证内控的效力。其次，要提高员工的素质和业务能力，定期对员工进行培训。培训的内容包括如何提高采购员的议价能力、验收员对产品质量的判断能力、保管员的物资管理能力等各个方面。最后，还要增加对原材料价格的市场调查，这样不仅能够保证企业采购货物价格最低，降低企业的成本，还能避免采购员收取回扣损害企业利益。

### （二）根据企业自身的实际需求，采用适合于本企业的订货方法

存货过多会加重存储的成本，过少会阻碍生产的正常进行，所以算出最恰当的采购数量便成了采购之前的主要工作。为实现保证价格和储存成本的总成本最低，采购数量可以采用经济批量法进行计算。依据实际情况计算出来的采购数量在不出现意外的情况下可以降低总成本。

此外，要改善存货管理的环境。要采用先进的管理方法，保证存货验收的及时性，以及时发现购入的存货是否足数以及是否满足采购的质量要求。在保管工作上要以合理存放和科学保养为前提，结合存货的特征采用现代化的技术和方法，为存货的保管创造适宜的环境。

### （三）健全存货的出库制度，保证账实相符

对存货的领取要有统一的规定，控制好各部门的领用数量，并且各部门对每期领取的数量要协商好，避免一个部门将所有存货领走而其他部门急需却无料的情况出现。存货的进出库都需要进行记录，进库要填进库单，出库要填出库凭证，这样才能保证存货的完整。同时，要做好

存货的盘点，对重大物资要每季度或者每半年盘点一次，不仅要清查数量是否与账相符，还要确定物资的质量是否符合生产的要求。对于不符合生产要求的存货可以采取降价销售的方式加以处理，尽可能地降低企业的损失。

# 第五章 财务管理信息化发展的基本概述

## 第一节 财务管理信息化的基本理论

### 一、财务管理信息化的概念

现代信息技术的不断发展推动了不同行业、职业的信息化发展，财务管理信息化也是现代信息技术发展的成果。财务管理信息化既不同于以往财务管理中的计算机应用，也不是简单地通过计算机进行财务管理的辅助决策，而是一套完整的财务管理信息化概念的运用以及应用架构建立的过程。

财务管理信息化是在企业管理环境及信息技术基础上，对企业业务流程和财务管理方式进行整合与改进，以形成科学、高效的信息化财务决策和控制过程，以实现企业价值最大化为最终目标。

### 二、财务管理信息化的特点

相比于其他信息化过程，财务管理信息化具有以下三个特征：

（一）弹性边界

财务管理工作存在于企业经营管理活动的各个环节，财务决策和控制贯穿于企业基本业务流程的始终，财务管理信息化也必然渗透在企业管理活动的各个环节中。财务管理信息化随着企业信息化的推进扩展到整个企业甚至是产业链中，其边界将变得模糊化。特别是新兴信息技术逐步应用到财务管理信息化中，使财务管理活动与企业其他管理活动逐渐融合，成为一个不断优化整合的过程。

## （二）自适应性

决策是财务管理的核心内容。财务决策的环境不是一成不变的，而是充满未知和变化的，参与决策的各种信息和数据的来源极其广泛，这也使得财务决策无法通过统一的流程与模式实现。可以说，财务管理信息化成功与否的关键就在于是否能实现满足客户需求的财务决策。一个理想的财务管理信息化系统并不是一个僵化、简单的操作系统，而是一个能够提供决策和管理的信息化平台。要真正实现财务管理信息化，必须能够结合企业管理环境及管理水平给用户构建一个实现系统自适应性的信息化平台。

## （三）决策与控制相集成

财务管理信息化是集信息处理与企业控制的过程，并不是传统的用于数据采集、加工、输出等开环控制过程的信息系统。这也是财务管理信息化与传统的信息系统的本质区别之一。

财务管理信息化不同于其他信息系统，它是一个闭环的控制过程，并非单纯地提供参与决策的各种信息，而是将决策结果尽可能转化为控制过程，并确保控制的有效实施。

## 三、财务管理信息化的作用

在符合企业整体战略的前提下，财务信息化能够提高企业财务决策水平，从而提高企业的抗风险能力。财务管理信息化能够扩大企业财务控制范围，减少控制层级，强化控制过程。财务管理信息化能够提高企业的应变能力，将企业的宏观战略具体化为管理策略并进行有效实施，提高财务管理的效率，进而提高企业风险控制能力和风险防范能力，实现企业价值的增长。

# 第二节　信息化对财务管理的影响

## 一、对企业财务管理基础理论的影响

### （一）对财务管理目标的影响

利润最大化、每股盈余最大化、股东权益最大化以及企业价值最大化是财务管理的四个代表性目标。其中，企业价值最大化是财务管理工作必然要实现的目标。企业是各方利益相关者契约关系的总和，以生存、发展和盈利为目标。信息技术使各方的联系不断加强，特别是电子商务出现以后，企业实际上成为多条价值链上的节点。单纯追求利润最大化或股东权益最大化不仅不能帮助企业提高整个价值链的价值，反而会对企业的长期发展造成影响。只有将企业价值最大化确定为财务管理的目标，才能实现企业相关利益者整体利益的提升。

### （二）对财务管理对象的影响

资金及其流转是财务管理的对象。在资金流转过程中，都以现金作为流转的起点和终点，其他的资产都是现金在流转过程中的转化形式，因此也可以说，现金及其流转是财务管理的对象。网上银行和数字货币的出现极大地丰富了现金的概念，而无形资产、虚拟资产的出现也丰富了现金的转化形式。同时，现代信息技术极大加快了现金的流转速度，使企业面临的风险加剧。信息技术丰富了现金的概念和转化形式，加快了现金流转速度，但财务管理的对象并没有发生本质变化。

### （三）对财务管理职能的影响

现代信息技术使财务管理的两个基本职能——财务决策职能和财务控制职能得到了强化。财务决策是指通过科学的方法选择出能够实现财务目标的最优方案。财务决策分为筹资、投资、收益分配三个基本内容。信息化环境下，财务决策的环境将更为复杂多变，财务决策面临的风险将更大。企业的各项决策，特别是战术、战略层面的决策活动都可以应用各种现代信息技术使感性化的决策转变为科学化的决策。财务控制是指通过比较、判断、分析等方式监督决策的执行过程，及时发现问题并做出调整的过程。财务控制职能通过信息技术也得到进一步加强，控制范围更广，控制手段更加灵活、方便、快捷，从以往的事后控制转变为现在的事前控制、事中控制。

此外，随着信息技术的不断发展，使财务管理衍生出更多的职能，如财务协调职能、财务沟通职能。在信息化环境下，过去单纯的财务决策和生产决策已经无法满足企业整体决策的需求，每一个决策都不是单个部门或单个领域的事情，而会涉及多个部门和领域。比如，生产计划的制订就不能只涉及生产有关部门，还会涉及企业的财务计划部门。换言之，企业中各部门之间的横向联系更加密切，必须有运用适当的手段实现部门间、各业务流程之间协调沟通的能力，财务管理将来还会承担更多这样的职能。

## 二、对企业财务管理方法学的影响

### （一）偶然性决策向财务管理系统化的转变

系统论、控制论和信息论是 20 世纪 40 年代后出现的具有综合特性的理论。20 世纪 70 年代，系统论、系统工程思想和方法论等理论传入我国，耗散结构论、协同论以及突变论成为流行的"新三论"，这也是系统论的深入发展。系统论以客观现实系统为本质特征，从整体上研究系统与系统、系统与组成部分、系统与环境之间的普遍联系。其中，系统是系统论中的基本概念。

财务管理也是一种系统，用于支持并辅助管理层的决策，财务管理方式则是指财务管理应用的手段、方式的总和。财务方法包含财务预测方法、财务决策方法、财务分析方法、财务控制方法等。财务管理的分析与设计在相当长一段时期都缺乏系统观点的指导，单纯地注重获取某项指标或独立决策模型的应用。在面对独立的财务管理过程时，传统的财务管理主要用于解决临时性、偶然性的决策问题，因而缺少系统性。而在信息化环境下，在面向独立的财务管理过程时，不应只考虑某一项决策的最优方案，而应以系统观点看待财务决策和财务控制，考虑整个财务管理系统的最优方案。财务控制应以系统整体目标为出发点，按照系统控制的要求，自上而下、层层分解，考虑控制的影响深度和宽度。

## （二）定性分析向定量分析和定性分析相结合转变

由于计算工具的落后以及缺乏数据库管理系统的支持，定量分析以往无法在财务管理过程中得到广泛应用。随着信息技术的发展，以及各种计算工具软件的开发与应用，数据库管理系统的渐渐普及，为财务管理定量分析提供了大量的计算支持与数据支持，促进了财务管理过程由定性分析向定量分析与定性分析相结合的转变。

## （三）简单决策模型向复杂决策模型的转变

传统的财务管理受计算工具的限制，财务预测、财务决策、财务控制与分析等都只能通过简单数学计算的方式完成。现代信息技术促进计算工具的发展，财务管理中引入了更多先进的现代计算技术与工具，促进了财务管理决策模型向复杂化转变。

# 三、对企业财务管理实务的影响

财务管理实务是指通过财务管理理论进行财务决策与财务控制的过程。信息技术对财务管理实务的影响主要体现在三个方面，即对传统财务管理内容、财务决策过程和财务控制手段的影响。

## （一）对传统财务管理内容的影响

筹资活动、投资活动和收益活动是企业个体的三个主要理财活动，同时也是企业财务管理的主要内容。信息化环境下，企业财务管理的主要内容得到了极大的扩展，财务管理的范围扩大，涉及企业的各个层面，企业决策也由单一项目决策最优向系统整体最优转变。

信息技术的发展使多个企业形成了一条共同价值链，企业决策成了价值链整体决策中的一个环节，决策将更多地向价值链整体最优倾斜。财务管理也产生了更多新内容，如价值链企业管理、资金集中管理、集团企业预算管理等，财务管理的内容进一步扩展。信息技术使企业与金融市场、利益相关者、税务部门之间的联系更加紧密，财务管理范围进一步扩大，覆盖了与企业相关的利益群体，银行结算、税收管理等也被纳入财务管理并成为财务管理活动中的重要环节之一。

（二）对财务决策过程的影响

情报活动、设计活动、决策活动以及审查活动是财务决策的四个基本阶段，随着信息技术的飞速发展，这四个基本阶段也发生了根本性的变化。传统财务决策的情报活动只是收集参与决策的各项数据，而信息化环境下的情报活动不再是单纯地收集数据，而是细化为风险评估、约束条件评估和数据获取三个阶段。风险评估即对决策目标及其实现的风险进行合理的评估；约束条件是指掌握决策的外部环境，明确决策目标实现过程中可以调动的资源；数据获取是通过信息化平台获取、整理数据，通过数据仓库技术进行数据处理直接获取支持决策的有价值数据。

信息化环境下财务决策的设计活动被简化，过去的设计活动是通过人工制订、分析最优方案，现在则通过工具软件或财务管理系统建立一个决策模型，制订最优策略。

决策活动是指最优方案的选择及实施过程。信息技术使财务决策的抉择活动得到最大程度的优化，借助工具软件强大的计算能力模拟出各种方案的执行情况，最终选出最优决策，极大地增加了财务决策的科学性。

审查活动是指监控决策的实施并及时进行修正。信息技术的发展与应用使审查活动被提前到了决策执行的环节，在实施决策的过程中同时进行审查阶段活动，跟踪、记录、反馈决策的执行情况。

（三）实时控制成为财务控制的主要手段

在传统的财务管理过程中，财务控制从最初的记录到最后的修正需要一系列步骤，过程较长，使控制过程远在业务过程之后，不能完全发挥控制的全部作用。信息技术使财务控制过程向集成化转变，达到真正的全面控制实施，充分发挥财务控制的真正作用。

## 四、对企业财务管理手段的影响

信息技术使财务管理的手段更加快捷、丰富、准确，改变了传统手工处理财务管理工作的落后方式，促进了财务管理在企业中的应用。

首先，计算机的普及以及信息技术水平的提高，极大地提高了财务管理活动中的数据处理能力，简化了复杂、庞大的数据处理过程，使财务管理工作更加高效、准确。

其次，由汇集当前与历史数据的多种数据集成数据库系统的使用，大大提高了财务决策的效率和准确度，从而改变了传统决策模式。

最后，网络技术的发展与应用扩展了财务管理的内容，实现了财务管理的集中控制与实时控制并提供了新的财务管理手段，分布式计算技术也为财务决策提供了新的解决方案。

## 五、新兴技术对财务管理的影响

云计算、大数据、移动互联网等极具代表性的新兴信息技术应用到财务管理中，促进了财务管理信息化的进程，并为财务管理提供了新的模式和方法。

（一）基于云计算的财务管理应用扩展

财务管理信息化过程具有较强的灵活性和个性化需求，云计算能够以较低的成本搭建财务信息化平台，通过 PaaS（Platform as a Sevice，平台即服务）方式或 SaaS（Software as a Service，软件即服务）方式快捷、灵活地获取各种支持财务管理的资源，为财务管理信息化资源整合与集成化提供了更多的方式。

（二）基于大数据的财务管理应用扩展

大数据财务管理工作的影响非常大。面向一定领域的大数据能够为该领域提供支持决策的海量数据，通过整理、清洗、挖掘等技术使支持决策的数据和信息更为全面和准确，提高了财务管理的决策能力和控制能力，并能增强财务管理的有效性。此外，基于云计算的大数据能够帮助财务管理信息化更加充分地利用云计算平台，实现资源的高度共享，使财务决策不再是独立的决策行为，而是通过开发平台获得科学的系统决策。随着大数据在财务管理中的应用，企业的决策过程由从前的管理层决策向企业内部与外部协同决策过渡。

### （三）移动互联对财务管理应用的扩展

移动互联网技术应用于财务管理也为财务管理工作带来巨大变革。借助移动互联网技术，不仅能实现决策与控制一体化的财务管理流程，还能实现过程控制的智能化。移动互联网技术的应用能够促进企业组织的扁平化进程，改变财务管理的组织结构和流程，加强财务管理的控制幅度。财务管理的活动边界将会被进一步打破，财务决策将变得更加复杂，决策的时效性增强，实时控制将会变为现实。

## 第三节　财务管理信息化的未来发展

在机遇与风险并存的信息化时代，高效、科学的管理是每个企业的现实需求，财务管理信息化能够充分运用信息化技术，提高企业管理的效率和运作水平，是未来企业发展的重要趋势，也是满足企业高效管理需求的重要措施。

## 一、财务共享中心对企业财务管理信息化的提升

随着市场经济的发展，财务管理对企业发展的重要性日益凸显，越来越多的企业更加重视企业财务管理水平的提高。复杂的财务管理工作需要财务人员具备较强的专业技能和信息化水平。为了有效强化企业财务管理水平，应当加强对财务人员培训，完善财务管理系统，优化财务

管理理念，最大程度发挥财务共享中心的优势，使企业财务管理信息化水平能够更好地适应社会经济发展的需要。

## （一）依托财务共享中心实施企业财务管理化的优势

财务共享中心随着现代信息技术的飞速发展，被广泛地应用到现代企业财务管理信息化工作中。财务共享中心的应用打破了传统财务管理多部门模式的限制，通过智能化信息技术整合财务部门，结合企业实际建立新型财务管理服务模式，将财务信息整合在一个部门中，进而优化财务管理部门智能水平，在一定程度上降低了企业经营成本，不仅使财务管理工作更加简单、快捷，而且实现了信息共享。同时，财务共享中心优化了企业财务管理的工作结构，提高了企业财务管理水平，使企业在日益激烈的市场竞争中具有更大优势。市场风险的加剧使企业财务工作的难度增加，财务共享中心模式的出现改善了传统财务管理工作职能单一的局面，在一定程度上为财务人员减轻了工作负担，从而提升了企业财务管理工作的效率。

财务共享中心的应用提高了企业财务管理工作的准确性，保障了财务信息的安全性，进一步规范了企业财务管理工作模式，对财务数据和信息进行有效整合与统一管理，提高了企业财务管理的效率。财务管理工作的准确性是保障企业良好运行状态的重要前提，财务共享中心优化了企业财务管理的内部结构，提高了财务信息的准确性，从而促进了企业的可持续发展。

财务共享中心确保了企业规模的有序扩张与标准化发展。健全完善的财务共享信息系统能够有效整合企业资源，合理优化人力资源配置，进一步优化财务管理工作流程，实现财务管理工作的整体性，提高企业财务管理水平。财务共享中心加强了各部门间的沟通与信息交流，相应地，也对财务人员提出了更高要求，如除了具备较强的综合素质和专业技能外，还应充分了解企业财务管理的工作流程。此外，还可以根据财务人员的专业技能分配其适合的岗位，进一步提高财务管理信息化工作的效率。

## （二）依托财务共享中心提升企业财务管理化水平

### 1. 建立健全完善的财务管理系统

财务共享中心为企业财务工作带来了更多的便利，健全完善的财务管理系统能够进一步从整体上提高企业管理水平。企业在不断发展，企业规模不断扩大，财务部门分工更加复杂，造成了财务管理部门间权责不明，降低了财务部门的监管力度。财务共享中心的应用完善了企业财务管理工作，优化了财务管理部门的内部结构，有效整合了财务信息，保障了财务信息的准确性和安全性，确保了财务管理系统的正常运行。财务部门应定期检测财务信息，做好财务分析工作，整合财务信息，对财务管理流程进行梳理，根据财务工作的实际情况合理分配人力资源。同时，应基于企业整体发展规划制定相应的财务管理运行机制，统一管理财务信息，将财务运行风险、融资风险等都纳入财务管理信息化系统中，强化预算管理工作，在整体上提高企业管理信息化的水平。

### 2. 提升企业财务管理信息化水平

财务共享中心显著提高了企业财务管理信息化水平，企业财务管理工作效率得到进一步提升。随着现代信息技术的飞速发展，企业可以依托财务共享中心强化企业财务管理信息化建设，再造财务管理信息化工作模式和管理流程，结合企业自身实际情况优化财务管理系统，进一步促进企业财务管理系统的信息化。充分发挥财务共享中心的优势，加强财务数据的信息化处理流程，保障财务数据的准确性和安全性，规范财务管理工作标准。

### 3. 优化企业财务管理的流程

财务管理流程混乱是我国部分企业存在的问题，而完善财务管理工作流程正是财务共享中心的一大优势。通过规定工作内容、强调工作方法以及利用智能化信息技术对财务管理工作过程进行实时监督等方式，确保财务人员处理财务管理业务流程的完整性与正确性。企业财务管理与财务共享中心的质量管理理念相结合，进一步规范企业财务管理模式，简化财务管理工作流程，在一定程度上降低了企业的经营成本。同时，结合市场变化对财务管理流程进行技术调整，利用财务共享中心优化企业内部资源与外部资源，使企业能够更好地应对市场变化与时代发展。

在信息技术飞速发展的今天，需要充分利用现代信息技术，发挥财务共享中心的优势，健全完善企业财务管理系统和财务管理流程，从整体上提升企业财务管理水平。同时，要加强财务人员的培训，强化专业技能，提升综合素质，提高财务管理工作水平和工作效率。

## 二、大数据的发展推动财务管理智能化发展

### （一）智能财务

以智能决策、智能行动、数据发现为核心的智能管理系统是智能财务的主要表现，能够辅助企业决策层进行智能判断。

智能化应用于财务工作中有得天独厚的条件，大数据本身就包含了财务数据，更容易应用于财务管理工作中。智能化更加适应基于多变量的可描述规则，这恰好也是企业会计准则的体现。财务工作中存在大量的重复性工作，这些都可以通过智能化工具轻松实现。

在智能财务阶段，信息的收集、整理、加工、分析、展现等仅仅是信息系统的一部分功能，更重要的是可以通过信息系统代替企业管理层制定决策。根据企业需求收集相应数据并进行深度分析，就可以快速、准确地计算、模拟出结果并做出判断给出决策结果。

一般来讲，完整的智能财务体系应具备三个层级和一个能够贯穿智能财务三个层级的智能财务平台。三个层级分别为基础层、核心层和深化层。基础层是基于流程自动化的财务机器人，核心层是业务财务深度一体化的智能财务共享平台，深化层是基于商业智能的职能管理会计平台，这三个层级都通过基于人工智能的智能财务平台进行整合。随着未来人工智能技术的不断发展，智能财务平台将会继续向三个层级渗透和深化。

## （二）基于流程自动化的财务机器人

2017 年国际四大会计师事务所陆续推出了财务机器人，这个名为 RPA 的新鲜事物逐渐由审计领域进入更广泛的财务领域。RPA（Robotic Process Automation）即机器人流程自动化，它不是物理形态的、有物理实体的机器人，而是一种软件技术，可以模拟人类的脑力劳动，自动化地完成结构化、规则导向、可重复的工作。财务工作中存在大量标准化、重复化、技术含量较低的工作，通过 RPA 就可以代替人工高效、准确地完成这部分工作，如数据采集、数据审核、自动月结、自动银行对账等。

随着人工智能技术的不断发展，RPA 可以在很多财务领域中发挥作用，如按照一定规则执行重复性操作；应用于中央服务器的部署与管理，实现业务应用程序的交互；融合财务共享业务流程，提升财务工作效率，强化财务管理；与大数据、云计算等技术相结合，提高财务工作智能化。

## （三）基于业财深度一体化的智能财务共享平台

RPA 代替人在传统财务业务规则下进行重复烦琐的工作，实现了自动化处理，而基于业财深度一体化的智能财务共享平台对传统财务流程实现了再造。

只有与业务实现真正的融合才能使财务发挥出价值创造的效力，尽管人们已经意识到业财融合的重要性，但很少有企业成功实现业财一体化。业财融合需要企业业务流程、会计核算流程和管理流程的融合，构建以业务驱动财务一体化信息处理流程，实现最大限度的数据共享，使得业务数据和财务数据融为一体，从而掌握企业经营的实时情况。但在传统企业管理体系中，业务流程、会计核算流程、管理流程都是相互独立的，缺乏使其有机融合的有效技术手段。

基于业财深度一体化的财务共享平台的应用使企业传统财务流程得以重构，实现流程自动化、数据真实化、交易透明化，企业得以回归以交易管理为核心的运营本质。通过建立内外部融合的新型财务运营管理体制以及基于财务共享平台的线上商城，将大宗采购业务、公务用车、办公用品、差旅服务全部互联网化，实现了供应商与客户之间的直接交易，极大地简化了财务处理流程，无论是大宗采购还是企业日常消费，都可以在线上实现完成，并能实现自动对账报销，使企业的业务流、财务流、管理流实现有机融合。如果有员工出差需要预订酒店，只需要登录企业在线消费 App 即可自动连接相应电商平台，系统会根据一定规则进行比较和筛选并推荐预订通道，员工在线提交订单后，系统便可自动进行后续的预算校验与支付，并生成电子发票信息。员工出差过程中，所有相关数据都会保存在系统中，月底通过一张发票即可完成结算，做到员工出差零垫付，实现了会计核算自动化。

## （四）基于商业智能的智能管理会计平台

由财务核算向财务管理的转变已是大势所趋，换一个角度来看，以财务会计为主导的财务工作向以管理会计为主导的财务工作转型是必然的。管理集、整理、加工、分析数据的能力也是管理会计能力的体现。

小数据、业务数据、社会大数据是企业经营过程中一般要面对的三类数据。很长一段时间以来，小数据和结构化数据是企业应用的主要数据，而这些仅仅是企业接触数据中的一小部分，而那些内容更加丰富、蕴含大量潜在价值和规律的非结构化数据和半结构化数据往往很难被清洗、整理、加工出来，处于沉睡状态。这些数据包括各种格式的文本、图片、报表、办公文档、图像、音频和视频信息等，内容涉及客户特征、消费者购买习惯与购买偏好等相关联的有价值信息。实际上，人们已经意识到这些一直被忽略的非财务数据、非结构化数据、半结构化数据等才是企业决策者真正需要的数据信息，数字化对财务工作的重要影响就是对数据需求和数据应用的影响，依托智能技术可以在海量的数据中收集、整理那些非结构化数据、半结构化数据并加以利用。

商业智能（Business Intelligence，BI）是通过现代数据仓库技术、线上处理技术、数据挖掘技术、数据展现技术等整理、分析数据来实现其商业价值的。基于商业智能的智能管理会计平台具有灵活性强、视角广的技术特点，能够充分发挥商业智能模型化的功能，帮助企业获取多维度、立体化的信息数据，向企业管理层提供智能化、科学化信息支持。

## （五）基于人工智能的智能财务平台

人工智能应用于财务领域主要体现在感知层、学习层及自然语言处理层三个层面。其中，感知层面的应用是指通过让计算机看、听、交流等方式获取相应的信息。学习层面的应用是指通过机器学习解决多变量、多计算规则的模型，并且能够采集大量的预测参数并进行快速计算。

具体地，上面所说的三个层面的人工智能技术可应用于财务领域中的六个方向，分别是：财务预测，包括财务指标的预测、未来财经的洞察等；经营推演，包括最优资产架构的确定、产品投资推演等；风险量化，包括智能预警、量化经营风险等；价值优化，包括企业现金、成本等资产的优化与分析等；决策自动化，包括构建决策模型、决策判断等；信息推荐，包括决策参考、智能问答等。

伴随着现代科学技术的发展，人工智能技术在财务领域的应用会更加深入和广泛。近年来，通过人工智能技术实现了对企业主体的财务预测、经营推演和风险量化。相信在不远的未来，依托智能财务平台强大的学习能力、计算能力和反应能力，人工智能技术能够为企业提供更加精准、及时的信息服务，在某些方面甚至可以支持和替代企业管理层实现决策自动化。

# 第六章　大数据时代财务管理信息化创新发展

## 第一节　会计核算信息化

### 一、会计电算化

#### (一) 会计电算化的主要内容

1. 会计基础数据管理。

2. 总账管理。

3. 固定资产及折旧。

4. 存货管理。

5. 应收应付管理。

6. 现金（银行）日记账。

#### (二) 系统的核心功能

总账模块是会计电算化系统的核心模块，账务系统的功能包括：账套及其操作人员的权限管理；会计科目和辅助核算，如往来单位、部门、职员、项目等的增加、修改、设置等属性管理；各种会计凭证的增加、修改、删除、复核、记账等业务处理；账册查询、预算管理、期末结账等业务；自动进行通用转账和损益结转、收支结转管理；数据的导入导出管理；数据备份恢复管理；等等。

会计科目设置能够实现动态科目级次；无论科目是否具有期初或发生数据，系统均提供科目拆分和科目合并功能，并自动对相关数据进行调整；支持多币种核算、数量核算；对一个科目可以同时提供单位、部门、职员、统计、项目五种辅助核算，结合科目的编码分配，实际上极大扩充了科目的辅助核算数量；提供科目成批复制功能，可以使用数字和字母两种形式定义科目编码。

凭证管理可以通过凭证模板设计凭证录入/打印格式，对于金额数据可以语音报数；凭证输入时提供智能计算器，可直接在借贷方金额栏目内输入数字和运算符，系统自动进行计算并将计算结果直接填入当前栏目；摘要和科目在给定的宽度打印不下时，将自动缩小变成多行，打印输出时还可自动进行缩放打印；系统提供凭证冲销功能，可以自动生成冲销凭证，可以对凭证进行编号查询；提供分录复制、凭证复制、样板凭证功能，方便用户快速录入；支持审核时对错误凭证的标记功能；输入凭证时往来科目可立即进行往来核销；现金或现金等价物科目可直接进行现金流量分配；对于系统自动生成的凭证（如工资凭证、固资凭证、采购销售库存凭证等）可直接查看相应的业务资料，支持凭证分册的功能。

通用转账系统还提供了通用转账功能，可以根据自己的业务模型定义转账公式，自动生成通用转账凭证。公式取数范围涉及所有业务，包括总账、明细账、应收账、应付账、现金银行、工资、固资等，甚至可以直接从金算盘的电子表格文件中提取数据自动生成凭证，这样就可以自动处理一些综合费用的归集、分摊等工作；在设置公式时可以任意设置条件，确定数据类型（金额或数量）、币别；公式可以任意进行组合。

期末结账系统提供向导进行期末结账，具有账务系统独立结账能力，自动提供结账报告，其中包括资产负债及所有者权益的总数，经营结果，记账凭证情况，自动检查凭证编号是否连续，自动检查期末是否计提折旧，自动检查期末是否调汇，自动检查是否进行损益结转，自动进行数据备份。

现金/银行管理系统支持多货币，统一处理有关货币资金的收款、付款业务，能自动生成收支凭证，定期进行银行对账，同时还提供了对企业票据的管理。系统预制了收付款汇总/明细表、现金/银行日记账、已领用未报销票据明细表、银行对账单等。

应收应付是企业控制资金流的主要环节，同时也是维护企业信誉、保证企业低成本采购的有力手段，应收应付款管理主要处理应收应付业务，通过向导指导用户利用已有的各种应收应付单据生成往来凭证。

工资管理系统主要处理员工的工资计算、工资发放、代扣个人所得税、费用计提、统计分析等业务，提供各种工资报表。

固定资产管理系统主要处理固定资产的增减变动核算、固定资产的折旧计提以及登记固定资产卡片等业务。固定资产管理提供固定资产批量变动，对批量录入的数据批量生成变动卡片，提供各种固定资产账册和报表。

### （三）手工会计核算与信息化会计核算的区别

#### 1．数据处理的起点和终点不同

在手工环境下，会计业务的处理起点为原始会计凭证；在 IT 环境下，会计业务的处理起点可以是记账凭证、原始凭证或机制凭证。

#### 2．数据处理方式不同

在手工环境下，记账凭证由不同财会人员按照选定的会计核算组织程序分别登记到不同的账簿中，完成数据处理；在 IT 环境下，数据间的运算与归集由计算机自动完成。

#### 3．数据存储方式不同

手工环境下，会计数据存储在凭证、日记账、明细账等纸张中；IT 环境下，会计数据存储在数据库中，需要时通过查询或打印机输出。

#### 4．对账方式不同

在手工环境下，财会人员定期将总分类账、日记账与明细账中的数据进行核对；IT 环境下，总账子系统采用预先编制好的记账程序自动、准确地完成记账过程，明细与汇总数据同时产生，并核对。

#### 5．会计资料的查询统计方式不同

在手工环境下，财会人员为编制急需的数据统计表，要付出很多劳动，财会人员只需要通过查询功能便能快速完成查询统计工作。

## 二、财务业务一体化

财务业务一体化是会计电算化发展的必然阶段，是 20 世纪 90 年代

国内财务软件厂商提出的一个概念，也是中国财务软件行业特有的一个概念。财务业务一体化的实质是 ERP（Enterprise Resource Planning，企业资源计划），也就是说信息系统中业务模块的数据要能传递到财务模块中，自动生成相关的会计凭证，这样就大大提高了会计工作的效率，节省了大量的会计人员的工作。财务业务一体化的概念代表了国内财务软件的发展方向。在当时，国内财务软件厂商纷纷开发进、销、存等业务模块。目前，国内财务软件厂商的 ERP 转型之路仍然在继续。

国外成熟 ERP 厂商的业务模块和财务模块都进行了非常紧密的集成，业务模块数据发生后，自动在财务模块上生成财务凭证，并且多数情况下财务模块的数据不能进行调整，数据的调整必须从业务模块开始。主要包括以下内容：①财务管理的结构；②业务与财务一体化的系统结构；③财务业务一体化的处理流程；④采购、库存、应付账款及总账模块；⑤应付账款模块与固定资产管理模块等。

## 三、会计集中核算

会计需要进行集中核算，业务框架的关键点包括：

1. 多公司、多行业、多组织会计。
2. 财务对业务的实时监控。
3. 财务系统与业务系统数据的共享与安全。
4. 各核算主体财务数据的共享与安全。
5. 科目结构能满足各层级单位的需求。

# 第二节　报表合并信息化

## 一、报表合并的挑战

合并财务报表作为集团企业规定编制的正式会计报表，是反映企业集团整体财务状况、经营成果和现金流量的财务报表，也是投资者判断企业集团投资价值的重要依据之一。

## （一）财务报表合并的主要过程

企业集团合并财务报表是把以母公司和子公司组成的企业集团视为一个单独的会计主体，以母公司和子公司单独编制的个别会计报表为基础，由母公司编制的综合反映企业集团财务状况、经营成果和现金流量的会计报表。报表合并过程主要可分为建模、数据收集、对账调整、发布披露四个环节。建模阶段是根据集团管理特点和披露要求指定报表合并的组织结构，定义报表模板，需要抵消的科目，以及合并过程中的相关计算关系。数据收集阶段需自下向上地报送各级子公司的个别报表数据和用于合并抵消或满足管理、披露要求的明细数据，这一阶段是决定报表合并过程的质量和效率的重要阶段，也是报表合并过程控制的重要阶段。对账和调整环节主要是针对报表合并过程的数据校验和手工调整，这一过程必须留下可审计的调整痕迹，是报表合并过程的控制重点环节。发布披露环节是指将报表合并的结果对内或对外发布输出，使用者可以对报表进行打印、查询和分析工作。

## （二）合并财务报表面临的四大问题

### 1. 集团各下属公司手工处理合并报表标准不统一，财务人员水平存在差异

集团公司各实体分别编制各自报表，报表格式、内容、统计口径以及抵消规则等的不统一给财务合并和分析工作带来多种不便，部分合并实体财务人员的企业合并报表的编制能力还不够。

### 2. 集团合并工作量大，耗时费力

集团的下属公司往往数量众多，如果拥有内地/海外上市公司，财务信息披露的质量要求和频率更高，需要同时满足国际和国内多套不同的会计准则。

### 3. 传统报表及分析工具（Excel）的功能不够强大并且难以追溯

财务人员通过 Excel 方式进行报表合并（包括格式检查、逻辑检查、准确性检查、分析性检查、准则调整、审计口径调整、汇率转换、

合并汇总）需要耗费大量的时间和精力。传统的 Excel 报表是文件式存储数据，导致公司对历史信息的比较与查询十分困难。

### 4. 分析资源利用不尽合理

报表分析人员投入大量时间进行数据整理和报表制作，使得真正对报表进行分析的时间少之又少。

## （三）财务报表工作的四个目标

### 1. 规范化

规范统一集团会计科目；规范统一集团法定合并和事业部合并方法和流程，实现合并的自动化；逐步实现集团财务作为对内对外财务信息的发布中心。

### 2. 透明化

实现财务数据的共享整合，初步消除集团层面财务信息孤岛，提高财务数据的透明程度；提高数据的利用程度，使用同一套数据产生不同角度的决策信息以满足不同使用者的需求；实现对报表信息的查询和钻取。

### 3. 全球化

推动集团财务的整体管理，进而加强对子公司、合资公司尤其是海外公司的财务管理；满足集团股权、法人架构和管理架构不断变化的要求；支持多准则的合并。

### 4. 实时化

提高信息传输和反馈的效率，缩短合并周期，为管理决策提供及时准确的财务信息。

# 二、报表合并系统的功能特点

## （一）报表合并系统框架结构

报表合并系统的框架结构主要依靠用户按照企业集团的合并范围可以分为多级，既包括基层的最小会计核算主体，也包括中间层级的合并主体和集团总部用户。

基层主体的主要操作包括：从核算系统、ERP 系统抽取报表合并所需的系统数据；手工输入系统外数据和其他补充数据；对数据进行加载、计算和校验；将校验正确的报表数据提交到上一级合并主体。

中间层级的合并主体的主要操作包括：审阅下级主体的报表及相关数据；对下级主体的数据进行调整；审批下级主体的报表数据；进行本级的抵消、币种转换、合并等相关计算。

总部层级的主要操作包括：审阅下级主体的报表及相关数据；对下级主体的数据进行调整；审批下级主体的报表数据；进行本级的抵消、币种转换、准则转换、合并等相关计算。

### （二）合并报表系统流程

利用系统进行报表合并工作，提交的数据包括报表数据和内部交易的明细数据。上级主体对下级主体的调整数据通过调整分录的方式存储在系统中。系统会按照不同币种、准则计算多套报表数据存储在系统中。

### （三）合并报表软件系统八项最主要的功能特点

1. 币种转换。报表合并系统能够对不同币种汇率进行维护。不同币种汇率的维护：记录相关历史汇率，维护本期的期末汇率和平均汇率，建立与待折算的相关币种报表的关系。

2. 公司间内部交易的对账和抵消。建立抵消关系是对账和抵消的第一步工作，通过建立抵消科目表来表示往来科目与差异科目。系统预置的抵消规则是找到交易双方的第一个公共父项进行抵消。内部交易抵消模板的准备工作是：分权益类抵消关系和业务交易类抵消关系；根据用户的内部交易具体种类设置和维护（增减或修改）抵消关系。

3. 调整或抵消的分录。

4. 持股比例计算。

5. 组织关系和投资关系调整。

6. 美国会计准则、国际会计准则、中国会计准则和其他本地化的会计准则转换。

7. 支持报表的流程管理和审计追踪。

8. 支持逐级合并或一步合并的应用。

# 第三节　财务分析信息化

## 一、财务分析的意义

企业管理者要对企业运营中的各项活动以及企业的经营成果和财务状况进行有效的管理与控制，财务分析是一个必不可少的工具。财务分析可以帮助企业管理者加深对企业运营状况的了解，从而增加决策的科学性。

相对于企业外部人员如债权人、客户或投资者等来讲，企业管理者拥有更多了解企业的信息渠道和监控企业的方式方法，但是财务信息仍然是一个十分重要的信息来源，财务分析仍然是一种非常重要的监控方法。企业管理者作为企业内部的分析主体，所掌握的财务信息更加全面，并能够与企业运营中的非财务信息相结合，因此，企业管理者所进行的财务分析更加深入，财务分析的目的也就更加多样化。

1. 企业管理者要对企业的日常经营活动进行管理，就需要通过财务分析及时地发现企业经营中的问题，并找出对策，以适应瞬息万变的经营环境。

2. 企业管理者还要通过财务分析，全面掌握企业的财务状况、经营成果和现金流量状况等，从而做出科学的筹资、投资等重大决策。

3. 企业管理者为了提高企业内部的活力和企业整体的效益，需要借助财务分析对企业内部的各个部门和员工等进行业绩考评，并为今后的生产经营编制科学的规划等。

## 二、财务分析的内容

财务分析目的不同，分析内容的侧重点也会有差别。通常来说，财务分析有如下内容。

## （一）偿债能力分析

偿债能力包括短期偿债能力和长期偿债能力。短期偿债能力一般与企业的流动性相关。流动性是指企业资源满足短期现金需要的能力。企业的短期现金需要通常包括支付日常生产经营开支的需要和偿还短期债务的需要。企业的流动性越强，日常支付能力和短期偿债能力就越强，企业的日常生产经营就越顺畅，短期债务就越安全。企业的流动性与短期偿债能力直接关系着企业的短期经营安全和短期债务安全，而安全是企业生存和发展的前提。因此，企业管理者、股权投资者等都会关注对企业流动性和短期偿债能力的分析。

长期偿债能力一般与财务风险相关。狭义的财务风险又叫筹资风险，是指企业与筹资活动有关的风险，也就是企业债务偿还的不确定性。因此，企业的财务风险与长期的偿债能力密不可分。如果企业不能如期偿还到期的长期债务，必然会影响企业的长期投资安排和经营活动。而我们知道，风险与报酬存在着同增同减的关系。企业如何通过资本结构和财务杠杆的安排，使风险与报酬达到最佳的平衡，就成为长期债权人、企业管理者以及股权投资者等分析主体关注的问题。

## （二）营运能力分析

资产是能为企业带来未来经济利益的经济资源，同时又是对负债和所有者权益的保障。因此，企业的资产管理水平直接影响着企业获取经济利益的能力以及企业资本的安全。资产管理主要包括资产结构管理和资产效率管理等内容。对企业的资产利用效率通常称为营运能力。

企业的资产管理水平与营运能力从深层次影响着企业的安全性和营利性，因而是企业债权人、股权投资者和管理者等分析主体都应当关注的内容。

## （三）盈利能力分析

投资报酬是反映投入产出关系的指标，它指投入的资金所获得的报酬。由于投入资金有不同的范畴，而报酬有不同的层次，因此投资报酬有不同的具体含义。直接影响投入报酬的是企业的盈利能力。在投资规模一定的情况下，企业获取利润的能力越强，投资报酬就应当越高。

盈利能力的高低首先体现在收入与成本相抵后的会计收益上，因此通过分析企业的营业收入，可以了解企业盈利能力的稳定性和持续性。在资料许可的情况下，可以对企业的成本费用进行本—量—利分析和成本费用分析等。本—量—利分析能够找出企业利润的关键影响因素，成本费用分析则能够为企业从内部挖掘利润潜力找到方向。

丰厚而稳定的利润不仅是投资报酬和盈利能力的体现，也是企业偿还债务的保障。一个不能盈利的企业是没有真正的安全可言的。因此，包括股权投资者、企业管理者和债权人等在内的众多分析主体对投资报酬与盈利能力都十分关注。

（四）其他能力分析

传统的财务分析是从静态角度出发分析企业的财务状况和经营成果，只强调对偿债能力、盈利能力和营运能力的分析。面对日益激烈的市场竞争，静态的财务分析是不够全面的。首先，企业价值主要取决于未来的获利能力以及竞争能力，取决于企业销售收入、收益以及股利在未来的增长、企业在市场中的竞争地位和竞争能力。其次，增强企业的盈利能力、资产营运效率和偿债能力，都是为了满足未来的生存和发展的需要，是为了提高企业的发展和竞争能力。所以要全面衡量一个企业的价值，不仅要从静态角度分析其经营能力，还应从动态角度出发分析和预测企业发展能力、竞争能力以及防御风险能力。

（五）综合分析

综合分析就是对企业的各个方面进行系统、全面的分析，从而对企业的财务状况和经营成果做出整体的评价与判断。企业是一个不可分割的主体，各个方面有着千丝万缕的联系，因此，各分析主体在对上述相关内容进行侧重分析后，还应将这些内容融合起来，对企业的总体状况进行一定程度的了解。尤其对企业管理者而言，必须全面把握企业的方方面面，并找到其间的各种关联，为企业管理指明方向。最为经典的企业财务综合分析方法是杜邦公司开发的杜邦分析体系。

需要注意的是，在进行综合分析时，要注意财务分析与非财务分析的结合，结果指标和驱动指标的结合。

## 三、财务分析方法

### （一）趋势分析法

趋势分析法是将企业连续几个期间的财务数据进行对比，以查看相关项目变动情况，得出企业财务状况和经营成果变化趋势的一种分析方法。趋势分析法有助于预测企业未来的财务状况和经营成果。

### （二）结构分析法

结构分析法是将相关项目金额与同期相应的合计金额、总计金额或特定项目金额进行对比，以查看相关项目的结构百分比，得出企业各项结构的一种分析方法。

结构分析法通常运用到会计报表的分析中。在对会计报表进行结构分析时，各个报表项目以结构百分比列示。这种以各项目的结构百分比列示的会计报表称为结构百分比会计报表，因此，结构分析又常常被称作结构百分比会计报表分析。

### （三）比率分析法

比率分析法就是指将相关的财务项目进行对比，计算出具有特定经济意义的相对财务比率，以此评价企业财务状况和经营成果的一种分析方法。常见的财务比率有趋势比率、构成比率、效率比率和相关比率。

趋势比率是反映某个经济项目的不同期间数据之间关系的财务比率，如当期净利润与上期净利润相除得到的比率、当期资产总额与五年以前的资产总额相除得到的比率等。

构成比率是反映某个经济项目的各组成部分与总体之间关系的财务比率，如流动资产除以总资产得到的比率、流动负债除以总负债得到的比率等。

效率比率是反映投入与产出关系的财务比率，如净利润除以平均股东权益得到的比率、净利润除以费用总额得到的比率等。

相关比率指的是除趋势比率、构成比率和效率比率之外的反映两个相关项目之间关系的财务比率，如流动资产与流动负债相除得到的比率、主营业务收入与平均资产总额相除得到的比率等。

### （四）比较分析法

比较分析法是将相关数据进行比较，揭示差异并寻找差异原因的分析方法。要评判优劣就必须经过比较，要比较就必须有比较的标准。比较的标准也就是跟什么相比。常见的比较标准有历史标准、行业标准、预算标准、经验标准等。

## 四、财务分析程序

财务分析是一项比较复杂的工作，只有按科学的程序进行，才能保证分析的效率和效果。财务分析的基本程序包括以下几个步骤。

### （一）明确分析目的

财务分析的目的是财务分析的出发点。只有明确了分析目的，才能决定分析范围的大小、搜集信息的内容和多少、分析方法的选用等一系列问题。所以，在财务分析中必须首先明确分析目的。

### （二）确定分析范围

财务分析的内容很多，但并不是每一次财务分析都必须完成所有的内容。只有根据不同的分析目的确定不同的分析范围，才能提高财务分析的效率，也才能更好地符合成本效益原则。针对企业的哪个或哪些方面展开分析，分析的重点放在哪里，这些问题必须在开始搜集信息之前确定下来。

### （三）搜集相关信息

明确分析目的、确定分析范围后，接下来就应有针对性地搜集相关信息。财务分析所依据的最主要的资料是以企业对外报出的会计报表及附注为代表的财务信息。除此以外，企业内部供产销各方面的有关资料以及企业外部的审计、市场、行业等方面的信息都与财务分析息息相关。财务分析中应搜集充分的信息，但并不是越多越好。搜集多少信息，应完全服从于分析的目的和范围。

对搜集到的相关信息，还应对其进行鉴别和整理，对不真实的信息要予以剔除，对不规范的信息要进行调整。

## （四）选择分析方法

不同的财务分析方法各有特点，没有绝对的优劣之分，最适合分析目的、分析内容和所搜集信息的方法就是最好的方法。财务分析的目的不一样，财务分析的内容范围不相同，为财务分析所搜集的资料不一样，所选用的分析方法也会有所差别。在财务分析中，既可以选择某一种分析方法，也可以综合运用多种方法。

## （五）得出分析结论

搜集到相关信息并选定分析方法之后，分析主体利用所选定的方法对相关信息进行细致的分析，对企业相关的经营成果和财务状况做出评判，为相应的经济决策提供依据。如果是企业内部的管理者，还可以进一步总结出管理中的经验教训，发现经营中存在的问题，并探寻问题的原因，找出相应的对策，最终实现公司的战略目标。

## 五、财务分析指标

综合性的财务分析要求建立由集团层层下钻到各利润点、由综合指标下钻到具体报表的框架体系。在这个体系下，以仪表盘、趋势图和警示图等图形化界面为监控层，反映集团层面的财务分析结果，分为集团、事业部、成员单位三层结构，将监控层的监控指标结果通过各层结构，形成可以追踪至原始数据的财务分析体系。将财务分析指标与财务报表体系、财务核算系统、数据库等相联系，可以做到实时计算财务指标，提高财务分析的及时性。

监控模式特别适用于综合性的财务分析体系，譬如，当企业构建指标体系后，就可将监控指标与预算报表、会计科目等建立联系，从而将监控指标与最基本的数据库相连接，形成实时、动态、可调整的综合财务分析体系。

## 六、财务分析的信息化

传统手工环境下的财务分析往往存在数据不精确、财务数据难以与非财务数据集合、财务数据难以追溯到源头等弊端，而财务分析的信息化可以很好地解决这些问题。不仅如此，财务分析的信息化还可以使得财务分析结果更加简明扼要，以图形化、菜单化的界面展示出来，更容易对企业的整体运行进行监控，也有利于对某些重点问题进行深入分析。

财务分析的信息化是以商业智能为基础的，商业智能基本架构包括数据和应用的集成、分析处理、信息发布和展示界面。

商业智能能够支持多维度的财务分析，维度最多可达 12～20 个，并能保持适当的效率，这样的数据存储与表格式完全无关，能够很好地适应需求的变化，如组织、业务等的变化。因此，以商业智能技术建立起来的多维度数据系统，能够为财务分析提供多角度的切入，例如，对于同一收入数据可从时间、产品线、地区、部门等角度进行分析，从而进一步推进财务分析的深度和广度。

从不同维度，可以提供同一数据的不同含义，从而为财务分析提供不同的切入点。同时，数据的多维化的互动分析工具和多样化的报表，能够实现追溯分析、图形化。商业智能使财务分析更加直观丰富：完全个性化的交互仪表板；基于功能和角色；主动式的智能预警；提供分析指引，提供最佳实践环境；功能强大，操作简单。每个层级的用户都能关注自己所在层面不同层级的界面，而且关注的内容以图形化界面展示。不仅如此，各个层面之间还存在严密的数据逻辑关系。

# 第四节　全面预算信息化

## 一、全面预算管理概述

预算，既是一套综合管理工具，也是一套系统的管理方法。它从公司战略出发，通过合理分配人力、物力和财力等资源，对公司的经营活动进行整体规划和动态控制，以监控战略目标的实施进度。

## 二、全面预算管理的八大成功要素

全面预算管理的八大成功要素具体包括以下内容：关于如何将战略、业务计划与预算高度整合；关于如何建立健全预算组织体系；关于如何上下互动：引导＋主动；关于如何分析和建立合理的责任中心及考核体系；关于如何设计合理的预算体系；关于如何设计预算控制体系；关于如何建立动态的预算管理体系；关于如何建立深层次的预算分析跟踪体系。

## 三、全面预算管理的技术难点及解决方案

### （一）全面预算管理普遍的技术难题

企业每年从 10 月份折腾到第二年的 3 月份，其中仅是收齐各部门的预算就需要两个月的时间。所以容易产生以下问题：①初次汇总的结果中，资本开支往往超过集团规定的合理范围，运营开支也一般都会高于保证公司预算指标完成的上限。②财务部门对具体业务需求应该分配多少资源不易判断，预算调整经常花费了大量时间依然不能取得令人满意的效果。③预算编制以及差异分析等工作没有信息系统支持，手工操作耗费大量人力，且不能及时发现业务运行中的问题。④各个业务部门都要为自己部门开展工作争取到足够的资源，财务部门与业务部门都是平级部门，横向的协调耗费精力。

市场变化太快，10 月份要预测到下一年的年底并非易事，原因有如下几点。

1. 静态的预算流程

预算编制工作量大，效率低下；预算不能及时适应条件的变化。

2. 协作困难

没有统一的、数据共享的工作平台；缺乏有效的协调工具。

3. 控制能力差

缺乏有效的手段进行预算执行的事前控制；分析、调整能力不足；

实际数据分散，难于集中获取；预算分析周期过长，不能及时做出调整。

## （二）EXCEL 的不足之处

EXCEL 解决不了企业全面预算管理的问题，这是因为 EXCEL 有如下问题。

### 1．难以有效整体协调和管控

难以有效地协调和管理整个组织，使其共同参与预算；缺乏权限控制和管理，难以有效管理和控制下属单位的预算模式，使各部门在一个平台上共同参与预算。

### 2．预算编制工作量大

需要大量的公式（复杂易出错）设置、表格定义和手工预算汇总，工作量大；无法与财务系统有效整合，预算分析费时费力；无法自动获取实际数据，需要大量的公式设置；预算报表展现比较乱；无法多角度、灵活、立体地反映预算数据，为了满足从不同角度展现预算数据的要求，需要编制多张预算表格；无法实现预算的快速调整和滚动预测。

## （三）EXCEL 解决问题的可能性

### 1．解决方案：全面预算管理的信息化

基于信息技术，构建多维的信息化全面预算管理体系。

（1）构建与企业实际情况相适应的全面预算管理模型

预算管理模型必须与企业的财务系统、计划系统、销售系统、采购系统、生产系统等和预算管理体系密切相关的子系统相匹配，并结合企业自身的情况，应用业务流程重组等先进的理论和方法来设计信息化的全面预算。

（2）构建信息化下的全面预算编制系统

预算编制系统是建立在预算管理模型基础之上的一个相对静态的系统，主要在每年期末编制第二年预算时使用。可分为经营预算、投资预算和财务预算。

（3）构建信息化下的全面预算管理控制系统

对预算进行控制和管理包括：责任中心考核体系的建立与管理、预

算指标体系的控制与调整、预算对比与分析、经理查询等几个部分。信息化条件下构建全面预算管理体系要特别突出系统对信息处理量大、处理速度快和数据集中处理的特点，使工作重点由简单的记录、统计转向预测、监控、分析等管理方面，真正实现信息流、资金流和业务流程的集成统一。

（4）建立对信息化下全面预算管理体系负责的专职部门

在信息系统中要使预算管理体系能发挥其作用，还要对组织机构的职能部门进行结构重组，建立负责新的全面预算管理体系的专职部门，赋予相应权力并实施新的预算管理制度。

### 2. 全面预算管理信息化的条件

（1）明确的战略目标，正确的战略导向，这是构建信息化全面预算管理体系的基础和依据。

（2）企业的信息化建设，如相关的硬件和软件基础，这是企业能够实现信息化全面预算管理的技术保障和基础。

（3）基础数据要准确、全面，历史资料应尽可能齐全。

（4）建立一个专门的高效的预算管理组织职能机构和一套行之有效的科学管理体系。

（5）企业领导的示范作用。

## 四、全面预算管理的信息化

全面预算管理信息化的三个基本要求是：多维数据、广泛接口、有效监控。

### （一）多维数据——支持多维度的预算编制和分析

预算编制、分析的本质是从多个维度描述、分析业务和财务数据的过程，系统应该通过多维模型来存储和管理数据。

预算管理过程当中经常需要快速回答类似下面的问题：今年各地区的销售收入是如何分布的？今年各月实际销售额与预算之间的差异是多少？今年3月份预算损益与实际损益的对比情况如何？今年各产品大类

实际销售量的变化趋势怎样？

预算分析的本质是一个多维分析过程，系统只有支持多维数据分析才能满足快速变化的分析需求。

## （二）广泛接口——避免信息孤岛

实际数据分散在财务、ERP、人力资源等多个系统中，从这些系统中提取数据需要耗费大量的工作时间。系统应该提供数据接口工具，具有整合不同业务系统中数据的能力。

## （三）有效监控——实现事前、事中、事后的动态控制

根据预算信息对实际的费用支出及资金支付进行事前、实时控制。支持基于工作流的电子审批。能够与预算、核算系统紧密衔接。为管理决策层提供直观的、仪表盘式的关键数据展示。能够动态显示预算的关键性指标数据及指标的实际执行情况。能够针对特点指标钻取到明细的业务、财务数据。

# 第五节　精细化成本信息化

## 一、成本管理概述

### （一）成本管理的目的

传统的成本管理是以企业是否节约为依据，从降低成本乃至力求避免某些费用的发生入手，强调节约和节省。传统成本管理的目的可简单地归纳为减少支出、降低成本。

现代企业的成本管理观念与传统观念相比，已经发生了很大的变化。企业的成本管理活动应以成本效益观念作为支配思想，从"投入"与"产出"的对比分析来看待"投入"（成本）的必要性、合理性，即努力以尽可能少的成本付出，为企业获取更多的经济效益。现代成本管理的目的可以归纳为提高成本投入的投入产出效率。

在现代市场经济环境下的企业日常成本管理中，应对比"产出"看

"投入"，研究成本增减与收益增减的关系，以确定最有利于提高效益的成本预测和决策方案。

## （二）成本管理的内容

先进的成本管理突破了以往只注重产品物料成本的管理，强化包括产品成本、质量成本等生产过程中的全方位成本分析与控制。

成本管理的范畴在企业价值链上不断延伸，向前延伸至市场、销售和研发环节，向后延伸到售后服务环节。这些成本包括营销成本、物流成本、研发成本、售后成本等。企业开始对物质成本更加关注，譬如人力资源成本、产权成本等。

综合起来，成本管理的对象包括产品生产成本、质量成本、效率成本、资金占用成本、采购成本、销售或客户成本、风险成本、人力资源成本、环保成本、安全成本等。利用成本管理所提供的成本信息，譬如产品成本、营销成本等，企业可以进行如下的经营决策：产品的盈利分析和产品组合决策；销售活动中运用成本信息进行定价决策；生产活动中运用成本信息进行自制或外包决策。

从成本管理的过程来看，成本管理可以分为两大部分：成本核算与成本控制。成本核算是成本控制的基础，没有准确的成本核算信息，成本控制无从谈起；成本控制的目的是提高成本投入的产出效率。

## （三）典型的成本管理方法

成本管理方法包括战略性、策略性和经营性三个大类，具体有以下方法。

①价值链分析法。价值链分析法是为了解成本的特性和导致差异的根源，将价值链从原材料到最终客户分解为与战略相关联的各种经营活动的方法。

②目标成本法。目标成本法是一种在设计和开发新产品或提供服务时首先要采用的方法。目的是保证产品和服务在成本上的竞争力，在其生命周期中达到预期的利润。该方法有时也指现有产品和服务的成本降低目标。

③产品周期成本法。产品周期成本法用来确定一种产品、品牌或服务从新产品开发到退出市场的整个期间的总成本和盈利能力。

④成本动因分析法。成本动因分析法是一种通过确定影响作业成本的因素并对其进行排序的系统方法。该方法可以运用于各种层面的成本管理中。

⑤对象成本法。对象成本法是一种根据作业清单（或流程清单）计算各"成本对象"（如品牌、产品、客户）的技术。

⑥作业成本管理法。作业成本管理法是一项新的管理方法，在企业的内部改进和价值评估方面具有重要的作用。它是利用作业成本法提供的成本信息，面向全流程的系统化、动态化和前瞻性的成本控制方法。作业成本管理把管理的重心深入到作业层次上，包括了作业的管理、分析和改进。

## 二、成本核算信息化

### （一）成本核算信息化的意义

在传统的手工管理模式下，企业的成本控制受诸多因素的影响，往往不易也不可能实现各个环节的最优控制。而且随着生产自动化程度的提高以及产品种类越来越复杂，这种强调人力劳动因素的粗放型计算方法已经不能满足企业现代管理的需要。

现代成本管理需要一个能协调、计划、监控和管理企业各种成本发生的全面集成化系统，从而协助企业的各项业务活动都面向市场来进行运作。ERP 除了提供全套的物流解决方案、监控和优化企业的整个生产流程外，也为企业成本管理领域提供了强大的控制和分析功能。

实施成本管理信息化是企业顺应历史潮流、走向全球市场的必然趋势，也是中国企业由传统管理向信息化管理转型的必然选择，更是企业提升网络经营能力和市场竞争力的必然要求。

### （二）成本核算信息化的主要内容

#### 1. 成本中心核算

成本核算信息化要支持成本预算、标准成本与实际成本之间的差异对比，成本报告与分析等，有关成本发生都记录到相应的成本中心分别核算，有关数据则同时或定期成批地传送到产品成本模块以及获利分析模块中进行进一步处理。

①管理会计模块从财务会计中收到它的基本数据和总分类的科目记账，同时，记账凭证中的科目指定条款被扩大到不同的辅助科目指定。例如，科目可赋给创建的成本中心或赋给一个任务。如果一下指定了多个目标科目，则管理会计模块就使用检查规则来确保只有一个影响到成本的对象被记账，其余的则作统计管理。

②除了初级成本之外，也能够记录相关的条目性质（数量、时间、单位等）。

③使用外部会计系统，所有记账业务流程同它们的初级成本要素一样，都能通过数据接口传送到管理会计模块中。

④结果是一个数据组包含了项目层次上与管理会计有关的所有信息。用这种方式，数据就可以独立保存，而与总分类账和明细分类账的归档期间无关。在保存的期间内，管理会计模块中的信息系统可以获取财务模块中的原始凭证。

## 2. 订单和项目成本核算

成本系统能够进行订单成本和项目成本的归集和核算，其功能的发挥需要企业供应链上下游厂商的协调配合。该系统收集、过滤成本信息，用计划与实际结果之间的对比来协助对订单与项目的监控。而且系统还提供了备选的成本核算及成本分析方案，有助于优化企业对其业务活动的计划与执行。

生产成本管理是企业面向生产和作业程序的一个职能。成本核算的方法，尤其是制造业公司中的成本核算方法，是由系统模块中的基础数据和程序确定的。通用成本对象包括：

①物料、加工订单、成本对象层次结构；

②物料、进程计划表、成本对象层次结构；

③物料、生产订单；

④销售订单、生产订单；

⑤方案、网络、订单。

## 3．产品成本核算

它不仅有成本核算与成本分摊功能，还包括收集有关物流与技术方面的数据，并能对单个产品和服务进行结果分析。产品成本核算模块还能对成本结构、成本要素以及生产运营过程进行监控，对单个对象或整段时期进行预测，另外，基于价值或数量的成本模拟估算所得出的信息能对企业运营过程进行优化。将生产成本核算定义为一个产品的成本核算，产品可以是有形货物，也可以是无形产品（服务）。生产成本核算的目的是：

①确定产品的制造成本和销售成本；

②由比较成本核算来优化产品的制造成本；

③确定产品的定价基础；

④为存货评估提供产品的制造成本核算；

⑤提供成本对象控制中的差异核算；

⑥边际会计收益（与获利能力分析集成）。

## 4．成本收益分析

此模块能帮助一些问题顺利找到答案，例如，哪类产品或市场会产生最好的效益，一个特定订单的成本和利润的构成分配等。该模块在对这些问题进行分析的同时，销售、市场、产品管理、战略经营计划等模块则根据其分析所提供的第一手面向市场的信息来进行进一步的分析处理，公司因而能判断它目前在现存市场中的位置，并对新市场的潜力进行评估

## 5．利润中心会计

它提供了一个方案，面向那些需要对其战略经营进行定期获利能力分析的企业。该系统使用会计技术来收集业务活动成本、运营费用及结果分析等信息，以确定每一业务领域的获利效能。

## 6．附有管理决策的执行信息系统

决策过程中所用的信息的质量直接取决于收集与准备数据的系统的能力。执行信息系统为管理部门提供了一个软件方案，它有自己的数据

库，能从企业的不同部门收集包括成本发生在内的各方面的数据，进行加工汇总使之成为可服务于企业决策的格式。

### 7．标准成本

针对现有的留置于库存中的产品进行标准成本估计。这适用于指定计划期间（通常是一个会计年度），它确定制造产品的计划成本和销售产品的计划成本，而不考虑客户何时、以什么频率订购这些产品。

在标准成本估计中，直接物料成本由投料量进行核算。直接物料的成本通过以相应的计划价格评估计划数量来取得，然后将物料的间接费用以附加费的方式加以运用。生产成本的成本核算以在成本计划期间内确定的作业类型和相应作业价格的方式进行。

为此，必须为所有操作建立产品的计划数量。这通常要在一个工作流程中完成。生产的间接成本在证明其不包括在作业价格中后，可以通过基于生产成本中的附加费确定。管理费用和运输保险费用与制造产品的计划成本相关，这是通过以百分比的方式表达的计划手续费率来实现的。

## 三、成本控制信息化

成本核算的目的是进行分析和有效的成本控制。

### （一）流程化的成本控制

流程化的成本控制是指在缺乏信息系统支撑的情况下，成本的控制标准和控制流程是脱节的，在控制流程中，不能及时获取控制标准与执行情况的差异数据。成本控制面临的主要困难如下：

①没有统一的、数据共享的成本管理平台；

②缺乏有效的流程管理工具；

③控制标准、定额、预算缺乏有效的载体；

④控制过程执行人工操作，效率低下；

⑤成本执行结果没有分析监控工具。

### （二）成本费用控制的具体需求

①实现费用、资金支出的按标准事前实时控制。

②多维度费用控制，如按照部门、科目性质、科目属性、费用大类、费用小类、当月预算、累计预算、费用标准等要素进行控制。

③按照费用类别进行控制，一类应严格按照标准执行，另一类可以不受预算的硬性约束，但需要说明超预算的原因。

④可以设置预算控制到哪一层级，即预算既可以按费用小类编制，也可以按费用大类控制。

⑤根据费用性质、金额大小等灵活设置审批流程。

## （三）成本费用控制思路

成本费用控制系统通过将预算控制和日常审批流程相结合，在业务活动发生前进行相应的审批过程，从而达到事前控制的目标。在审批流程中，业务活动发起人和审批人能够从系统中实时得到该事项的预算信息（预算数、预算已经执行数、预算余额），并据其做出业务活动能否发生的判断。

## （四）预算控制方案

①系统支持对预算控制过程使用到的单据、功能、流程进行定制。

②单据可根据企业具体要求设置。

③各系统功能的控制逻辑可以根据企业要求设计实现。

④系统支持分科目多级设置审批机构，审批上报限额，月度、季度、年度超支比例，以及超支后的控制方式（"手工""警告""禁止"）。用户还可以自由增加控制的维度和量度，以达到灵活控制预算执行的力度。系统对每一笔费用的申请都可以有个性化的控制逻辑和控制流程。

⑤审批流程可根据企业不同业务灵活定义。系统支持灵活的审批流程定义，可根据企业组织架构、科目类别等多种角度来定义不同的审批流程；还可以定义多人审批模式，当第一审批人不具备网络环境时，其他审批人可代为行使审批权。

⑥利用该功能可以实现集团、子公司、业务类别、科目等不同层级的预算控制规则，在不同层级采用不同的控制流程，不同的审批级次和审批额度，满足资金支付和预算控制的分级次管理的需求。

⑦系统可以对预算控制、审批方式等进行设置，包括签字方式、会计期间、审批期限、是否日期替换、超支控制等信息进行维护。

## 四、作业成本法

### （一）传统成本方法的困难

#### 1. 管理层关注重点

随着市场竞争的日趋激烈，越来越需要强化企业内部管理，对于成本信息的准确、及时、可控也就更加重要，企业内部的战略层面、策略层面和经营层面对成本信息的需求也越来越复杂。

战略层面关注成本信息的出发点是为了能科学地进行战略决策，其利用成本信息需要解决的问题是：

①与供应商和客户建立什么样的关系？

②专注的市场和产品应是什么？

③如何制订有竞争力的价格？

④和竞争者比较处于何种地位？

⑤如何提高现在的产品或市场组合的盈利能力？

策略层面关注成本信息的出发点是为了能高效地开发和培育企业的资源，其利用成本信息需要解决的策略问题是：

①企业有什么资源？资源的利用率如何？如何有效地利用资源？

②自行生产还是向外采购？

③产品和服务的价格合理吗？

④如何在不影响产品或服务质量的前提下节约成本？

经营层面关注成本信息的出发点是为了能有效地利用资源，其利用成本信息需要解决的经营问题是：

①什么是成本的驱动因素？

②如何控制成本？

③怎样改进流程？

④如何衡量工作的效率？

⑤如何决定预算？

⑥如何认定预算超支的责任？

⑦采用什么成本基准来衡量目标？

⑧绩效系统如何影响业绩？

目前传统成本的核算和管理方法远远不能达到上述企业的要求。

### 2．传统成本分摊方法面临的问题

（1）传统成本方法的局限性

传统的成本计算方法有着很大的局限性，例如，成本信息不能准确、及时提供；不能实现成本过程的关注和控制；只能按照成本费用科目提供账面成本信息；成本报表内容与格式单一，不能满足多层面的成本管理需要；不能提供详尽和准确的产品、客户成本信息；成本查询、成本分析和成本规划费时费力。

（2）局限性在现代化经营的特点中扩大

随着科学技术的快速发展，以 MRP（Material Requirement Planning，物资需求计划）为核心的管理信息系统的广泛应用，以及集成制造的兴起，传统成本方法的局限性越来越严重，产品成本信息与现实脱节，成本扭曲普遍存在，且扭曲程度令人吃惊。信息的使用者根据这些扭曲的成本信息做出决策时会感到不安甚至会怀疑其公司报表的真实性。这些问题严重影响到公司的盈利能力和战略决策。

但是传统成本核算中的这些局限性是与生俱来的，全球性竞争的加剧又促进了这些局限性形成的因素。公司及其生产经营环境发生了巨大的变化，生产经营中成本费用的比重和类型也有了很大的差别。

①固定制造费用比重增大，直接人工比重下降，结果是制造费用分配率很大，容易造成产品成本失真。

②随着与工时无关费用的快速增加，用不具因果关系的直接人工去分配这些费用，必定会产生虚假成本信息。

这些问题掩盖了成本发生的实质，造成不同产品之间的成本转移，使某些产品成本被低估，某些产品成本被高估，从而影响决策的准确性。

## （二）作业成本法与作业成本管理

作业成本法（Activity Based Costing，ABC）是一种先进的成本核算和控制方法，目前，ABC 的应用已由最初的美国、加拿大、英国，迅速地向大洋洲、亚洲、美洲以及欧洲国家扩展。在行业领域方面，也由最初的制造行业扩展到商品批发、金融、保险机构、医疗卫生等公用事业部门，以及会计师事务所、咨询类社会中介机构，等等。

ABC 能够提供有效的成本管理，能够深入地分析成本形成的过程，能够反映作业消耗资源的效率，可以及时控制无效或低效的作业，从而使成本能够在过程中得到有效的控制。为满足企业中各层次管理者对成本信息和决策的需求，ABC 可以做到以下几点：

①能提供准确的成本信息；

②能同时为企业内外部不同层面提供成本信息；

③能从不同的角度提供详细的、多层次的成本信息；

④能方便适时地进行成本查询、成本分析；

⑤能够对未来成本进行预测和成本规划；

⑥能针对成本信息的用途，按照不同的分类标准提供成本信息。如定价需要区分变动与固定成本，考核需要区分可控与不可控成本，评估资源能力时需要区分闲置与非闲置成本。

作业成本管理（Activity Based Costing Management，ABCM）是以提高客户价值、增加企业利润为目的，基于作业成本法的新型集中化管理方法。它通过对作业及作业成本的确认、计量，最终计算产品成本，同时将成本计算深入到作业层次，进行成本链分析，包括动因分析、作业分析等，为企业决策提供准确信息，指导企业有效地执行必要的作业，消除和精简不能创造价值的作业，从而达到降低成本，提高效率的目的。

## 五、作业成本管理的信息化

ABCM 应用软件是基于作业成本管理的管理信息系统，具有强大的复杂数据处理功能，其主要功能在于按照作业成本管理思想对资源、动因和作业进行分析，同时按照"资源—动因—作业"对发生的各项成本进行归集、汇总，并及时报告各项作业信息，因此，与作业成本管理思想的整合是 ABCM 应用软件最突出的功能特征。

ABCM 系统可以作为一个综合性的成本管理软件独立实施，也可以在现有管理模块中协调应用。比如用户如果已经全面实施了 ERP 系统，则 ABCM 软件系统通常会作为一个成本管理的功能完善的子模块嵌入 ERP 系统。

无论 ABCM 软件单独实施，还是作为一个功能模块与其他管理系统协调实施，在开发和应用过程中，除了满足企业对作业成本管理的需要，还必须辐射出一些其他子模块，进行系统化的管理。

ABC 在 ERP 系统中的实施调整包括如下几个步骤：

①确定以价值链分析为基础的作业中心；

②设置成本项目，选择成本动因，确定成本率；

③建立模拟成本模型。在制订下一个会计年度的标准成本之前，把修订的成本项输入模拟成本系统，经过反复模拟比较，最终形成模拟成本模型；

④计算产品标准成本。ABC 通过作业中心的确定，去除非增值作业，按照理想的定额标准，即可得到产品标准成本；

⑤产品实际成本结转与差异分析。

基于 ABC 的精细化成本核算系统主要分为基础数据、成本计算和成本分析等模块。

基础数据包括系统配置、业务设置、ABC 设置、业务和 ABC 模型对应设置。

成本计算包括数据采集、作业计算、成本标的计算、成本过程的计算和查询等。

成本分析包括成本和作业过程的分析、成本规划和成本查询等，可以分层次、分过程地进行分析和查询。

根据业务具体情况可以定义基础数据，包括对活动的设置、作业的设置、作业中心的设置、作业库的设置、产品的分类与设置、成本的设置等。

根据 ABC 的基本原理，设置成本费用、成本科目、活动信息、资源、动因、成本标的等。业务数据和 ABC 数据的设立是 ABC 模型成立的基础。

按照业务基础数据和 ABC 基础数据的对应关系，可以进行 ABC 模型设置，ABC 模型设置实际上是把业务的流程和数据用 ABC 的方法表现出来，包括科目—资源关系、科目—活动关系、资源—活动关系、作业—资源关系、作业—资源—活动关系、科目—作业—活动关系等，配置完成后，系统还可以进行设置检查。系统可以根据业务的具体情况进行适用的模型设置。

ABC 成本管理系统本身需要和业务系统结合使用，所以，它的数据采集和数据接口都是非常灵活和方便的。系统的数据既可以来源于企业的信息系统，也可以直接手工输入；既可以与企业的业务系统直接通过数据转换工具实现，也可以通过数据的导入导出实现。数据的采集方式非常方便，有利于 ABC 系统对业务系统的控制。系统可以自动与 ERP 系统的财务、库存、生产等模块对接，获取成本计算、分析所需的数据。

通过上述 ABC 模型的建立和数据的采集，系统就可以实现成本的计算功能了，这里的成本核算与传统的成本核算是不同的，它既可以提供过程成本，也可以计算作业成本和成本标的成本（产品成本是成本标的成本的一种），还可以根据企业的具体情况进行多层面、多角度的成本计算。此外，系统还支持辅助部门费用的交互分配模型。

系统还可以根据成本信息进行成本分析和查询，例如，产品成本查询、项目成本查询、成本趋势分析、成本规划、盈利分析、沉淀成本查询和分析、闲置资源成本查询和分析、不需用的作业成本查询和分析，并且系统还可以根据成本的具体情况进行报价分析和决策。

系统支持灵活的多维度分析，可以按产品、产品分类、订单、客户、工序、成本中心等多个维度进行任意组合的查询和分析。

由于作业成本系统将成本核算细化到了作业（工序），因此可以提供分环节的成本结构信息，系统支持按照工艺路线查询、分析产品成本结构变化的过程。

利用历史的成本信息对新产品、订单等成本对象的成本进行模拟，可以帮助企业更好地进行新产品和项目的定价决策。作业成本系统能给企业带来的收益包括：

①提供更为精确的产品成本；

②为定价策略提供相应的成本信息；

③加强对成本的有效管理和控制；

④坚持改善市场营销策略；

⑤提高产品的营利性；

⑥确保可标识的成本动因；

⑦产品营利性的有效分析；

⑧改善成本控制；

⑨提供准确的业绩指标。

# 第七章　大数据时代财务管理信息系统的创新建设

## 第一节　企业的业务过程

信息系统是对企业信息活动进行处理和管理的系统。而企业信息活动是利用一定工具，采用一定的方法，对企业及其业务活动进行的数据采集、维护、报告等一系列活动。企业的信息活动离不开业务活动。因此，为了更深入地理解财务管理信息系统，理解财务管理信息系统业务处理流程，需要首先认识企业的业务过程。

### 一、企业基本业务过程

企业的根本目标是通过获利来满足各利益相关者的需要。这一目标只有在企业提供的产品或服务被顾客接受后才能实现。为实现某个业务目标而进行的一系列活动被称为业务过程。任何产品或服务都是通过一定的业务过程生产完成并最终到达顾客方的，因此，每个企业都有业务活动。为了提供产品或服务，每个企业又都至少有获取/支付、转换、销售/收款三个基本业务过程。

#### （一）获取/支付过程

获取/支付过程是企业从上游获得所需要的各种原材辅料、零部件、数据等需要被加工的任何有形或无形资源，并为此支付款项等资源的业务过程。此处所指的上游既可以是企业外部的上游供应商，也可以是企业内部的上游车间、部门等。支付的内容是资金等可以用价值计量的资源。

## （二）转换过程

转换过程的目标是将获取的资源转换成客户需要的商品和服务。通过转换过程，原始的输入变成完工的商品和服务。转换过程贯穿整个企业，它形式多样，依赖于所提供的商品和服务的类型，使用的技术和资源，管理者、政府、社会、客户的限制，以及客户和管理者的偏好。

不同企业的转换过程存在着巨大的差别，即使是同一个企业由于其提供的产品或服务的需求不同，转换过程也有很大差别。转换过程的核心是从投入顾客所需要的产品或服务的一系列活动和这些活动的分布结构。

## （三）销售/收款过程

销售/收款过程的目标是向顾客销售和交付商品及服务，并收取货款，它包括一系列与交付商品和服务给客户并收取款项有关的活动。只有通过销售/收款过程，企业的产出才能够真正到达下游，产出的价值才能够真正体现出来。此处所指的下游既可以是企业外部的下游顾客，也可以是企业内部的下游车间、部门等。支付的内容是资金等可以用价值计量的资源。

上述三类基本的业务过程是相互依赖、相互关联的，而且周而复始，持续不断，对它们加以区分只是为了简化分析。

# 二、业务处理过程

在处理基本业务过程的基础上，可以按照企业生产经营周期的环节进一步将企业业务过程细分为主要过程和支持过程。业务过程的细分虽然会因不同企业的经营活动内容及划分的详略标准不同而变化，但是它们存在一定的共性。以制造企业为例，其主要过程包括采购过程、库存和存货过程、生产过程、销售过程；支持过程包括人力资源过程、财务过程和其他业务过程等。

## （一）采购过程

企业能够持续经营，离不开持续不断的资源供给，这一过程由企业的采购过程完成。

由于采购货物的不同用途，采购分为不同的类型：下订单采购、资产采购和日常消耗采购。其中，下订单采购是为生产需要采购物料；资产采购是固定资产的购置；日常消耗采购主要是低值易耗品的购买。

采购过程在制造业主要表现为以资金换取物料、资产等，商业企业则表现为以资金换取商品、劳务和资产，服务业则主要为取得服务、用品及相关资产而付出货币资金。

## （二）仓库和存货过程

为了保障生产经营过程连续不断地进行，企业要不断地购入物料、耗用物料或销售完工产品，这些可以统称为存货。仓库和存货过程就是企业存货流动、循环的动态过程。这个过程是转换过程的一部分，将生产过程与采购过程、销售过程联系在一起。

## （三）生产过程

生产过程是指从依据生产计划领用原材料，实施加工与制造，直到形成完工产品为止的过程。生产过程既是企业实物资产的转换过程，又是为实现这种转换而投入的经济资源的耗费过程。

## （四）销售过程

销售过程是指企业以提供货物、服务或让渡资产使用权等来交换并收取经济利益的日常经营活动。制造业的销售活动主要是提供货物，服务业等第三产业主要是提供服务。

销售是企业生产经营成果的实现过程，是物料在企业内流动的终点，也是企业经营活动的中心。作为企业供销链的一个环节，销售管理是把从客户和购货机构获得的订货需求信息传递给计划、生产、仓管等，并从仓库获得货物配送给购货单位，完成货物的流动。

## （五）人力资源过程

人力资源过程是企业的支持活动，主要包括招聘选拔、员工职业发展、员工培训、绩效管理、考勤管理、薪资管理等过程。人力资源过程为采购、销售、生产、仓库和存货业务提供人员支持。

## （六）财务过程

财务过程包括财务管理过程和会计过程。企业的资金运动构成了企业经济活动的一个独立方面，那就是企业的财务活动。财务管理过程以资金为对象对企业业务过程涉及的资金运动进行管理；会计过程以货币为计量工具对企业业务过程进行计量和反应。财务过程为业务活动提供支持。

### （七）其他业务过程

除了财务过程、人力资源过程外，为了保证企业主要业务过程的实现，还需要其他业务过程，如技术支持、基础设施建设等。

# 第二节　企业财务管理过程和财务管理信息系统

企业业务活动的发生引发了物质活动、信息活动和管理活动。此处的"物"包括原材料、辅助材料、机器设备等物资，业务人员、生产人员、管理人员、工程技术人员等人力，以及货币、证券等资金。信息活动是对企业业务过程、物流及管理活动的信息进行反映和管理的活动。与物资流转过程相对应的是资金运动过程，在这个过程中，企业的资金不断地从一种形态转化为另一种形态。

## 一、企业财务管理过程

企业再生产过程也是资金运动的过程，这个过程由一项项财务活动组成，企业在组织财务活动中，与各方面发生着财务关系。财务管理就是组织财务活动、处理财务关系的一项经济管理活动。

随着再生产过程的延续，企业资金从货币资金开始，依次经过获取、转换和销售三个阶段，分别表现为储备资金、固定资金、生产资金、成品资金等各种不同形态，然后又回到货币资金形态，如此不断地循环往复，形成资金的循环与周转。

### （一）筹集资金

筹集资金是再生产活动的前提，也是资金运动的起点。它是在国家宏观调控政策的指导下，从企业自身的生产经营状况及资金运用情况出发，根据企业未来经营策略和发展的需要，经过科学的预测和决策，通过一定的渠道，采用一定的方式，取得生产经营所需资金的一项理财活动。

### （二）投放与使用资金

投放与使用资金是企业将筹集的资金采用不同的方式投入再生产中的过程。一部分用于构建厂房、设备，形成劳动手段，即形成固定资金；另一部分用于采购材料物资等劳动对象，形成储备资金，以保证生产经营活动的进行。

### （三）耗费资金

在生产经营过程中，生产者使用劳动手段对劳动对象进行加工，生产出产品，即形成成品资金。在这一过程中需要消耗各种材料、物资，发生固定资产损耗，支付工资和各种费用。资金耗费的过程也是价值创造和价值形成的过程。

### （四）收入与分配资金

资金的收回主要包括通过产品销售取得销售收入，使成品资金又转化为货币资金，以及将资金直接投放到证券市场获得投资收益两个过程。

收入与分配资金将企业取得的收入和收益分为三部分：一部分用于重新购置劳动手段、劳动对象，支付工资、费用，参加生产周转，使企业生产经营活动持续进行；一部分用于依法缴纳各种税款，弥补以前年度的亏损；还有一部分形成企业的税后利润进行分配。

## 二、财务管理信息系统

财务管理信息系统是完成财务目标，进行财务信息业务处理的直接工具。它要从财务管理过程获得财务业务数据和信息，然后借助财务管理信息系统，应用自己特定的财务方法和规则，对这些数据进行加工处理，并且以报告的形式，向财务信息使用者传达企业的资金筹集、投放、运用、收入分配的情况。图7—1简单地描述了企业各项财务活动与财务管理信息系统各子系统的对应关系。

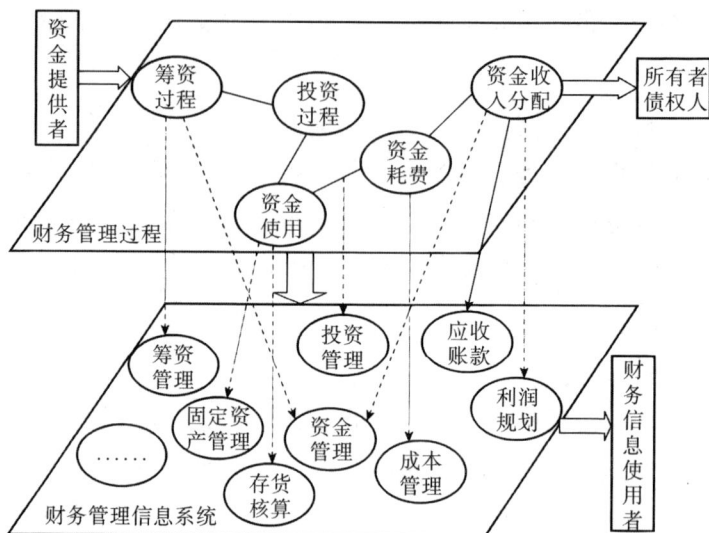

图7—1 财务管理信息系统与财务过程的关系

图7—1中上部分是财务管理过程，下部分是财务管理信息系统；虚线表示财务业务和财务管理信息系统的"分离"过程。

从图7—1中可以看到，财务业务数据可以直接实时传递到财务管理信息系统，由财务管理信息系统加工成各类使用者需要的财务信息。

# 第三节 业务流程整合与基于事件驱动的 财务管理信息系统

财务管理信息系统应该建立在全面业务流程整合的基础上，达到财务管理信息系统与业务信息系统、会计信息系统的集成。

## 一、业务流程整合的思想

企业全面业务流程整合离不开对企业过程进行分析与改造的管理概念和思想，业务流程重组和业务流程管理都是近些年比较有影响的典型代表。

## （一）业务流程重组

业务流程重组的含义是：为了使企业能够最大限度地适应以"顾客、竞争和变化"为特征的现代企业经营环境，应该对原有企业的业务过程进行重新构思、重新设计和重新构建，形成一个合理的新过程，这样才能真正取得效益。作为一种强调进行革命性变化的思想，业务流程管理强调对业务过程的重构应该具有以下特点。

### 1. 根本性的

突破原有的定式，摆脱原有管理思想的一切束缚，采用全新的视角从根本上重新思考业务过程。

### 2. 彻底性的

从企业根本目标出发，在从根本上对业务过程进行思考的基础上，重新设计和构建业务过程，实现问题的彻底解决。

### 3. 突破性的

业务过程重构的最终目的是在根本性思考和彻底性重新设计的基础上，使企业能够实现突破性进展。

业务过程重组强调应该遵循以企业目标为导向、面向企业流程，以价值为标准分析流程、以满足顾客需求为中心的基本原则。

## （二）业务流程管理

管理活动从来都不是被动地管理业务活动及其相关流程的，而是在现有流程分析的基础上，实施控制和管理。总结业务流程重组实施成功的经验与失败的教训，由此出现了业务流程管理的概念。业务流程管理是一种以构造端到端的卓越业务流程为中心，以持续地提高组织业务绩效为目的的系统化方法。与业务流程重组不同的是，业务流程管理更强调流程的规范化及流程改进的渐进性、持续性。为了达到业务流程整合的目标，业务流程管理的开展应该遵循以下三个层次。

### 1. 规范流程

业务流程管理的第一步是对现有流程进行梳理和分析，并规范业务流程，使企业现有业务过程变得更加规范、高效。

### 2. 优化流程

业务流程管理强调在规范流程的基础上，对于不理想的流程应该首先立足于优化，而不是立刻推倒再来。流程优化要从企业的战略目标出发，考虑上下游企业，首先把对实现企业战略目标有重要影响的关键流程作为优化对象，从而提高流程的效率和效益。

3. 再造流程

对无法优化的流程进行再造，从而可以在降低业务流程管理风险的前提下提高企业业务流程的效率。

## 二、基于事件驱动的财务管理信息系统

### （一）事件驱动相关知识

事件驱动是一种计算机术语，是指当某特定事件要求代码进入工作时，程序指令开始执行。在事件驱动的方式下，可以把信息使用者所需要的信息按使用动机不同划分为若干种事件，并为每种事件设计相应的"过程程序"模型，当决策者需要某种信息时，根据不同事件驱动相应的"过程"处理程序，从而得到相应的信息。

在企业业务活动分析中，一个业务过程一般认为是完成企业目标的一系列活动，而将业务过程中的单一活动表示为事件。为了更为清晰地理解企业业务过程，可以进一步把业务过程详细划分成管理事件、业务事件和信息事件三类。管理事件是管理者在计划、执行、控制和评价业务过程时的决策活动。业务事件是业务人员完成管理决策目标的活动。信息事件是利用一定工具，采用一定的方法对企业业务活动、管理活动的数据采集、维护、报告的活动。

管理决策之后将开始业务活动，即触发业务事件。同时管理事件也触发信息事件，对管理活动信息进行处理；业务事件执行会触发对业务事件信息进行处理的信息事件，同时又会反过来触发对业务事件进行监督、控制和分析的管理事件；信息事件会触发对本身进行管理的管理事件。

将实时信息处理嵌入业务处理过程中，企业在执行业务活动的同时，将业务数据输入管理信息系统中，通过业务规则和信息处理规则，

生成集成信息，基于这种模式构建的信息系统称为基于事件驱动的信息系统。

基于事件驱动设计的财务管理信息系统具有以下特点：

1．实现了源数据仓库的共享。系统结构将使物理上分散的企业的多个数据库在逻辑上集中，支持不同层次、综合性的信息需求。按业务事件规则对业务数据和财务数据进行综合采集及存储后，可建立共享的综合业务数据库。经过标准编码的源数据信息，可以满足企业外部所有的信息使用者使用，使数据真正做到同出一源，实现共享。

2．业务流程、信息流程、管理流程之间能够紧密合作，各部门信息孤岛的不协调和低效状态可以得到缓解。信息处理规则能够打破职能壁垒，根据信息使用者的决策需求进行信息加工。

3．实时财务报告，提取信息与企业处理信息同步，将各业务事件的财务控制规则嵌入，能够实现事中控制。也就是系统能够将违反规则的活动实时地向负责人发送异常情况报告，或者阻止舞弊活动的执行，从而使企业风险预防的能力大大提高。

## （二）事件驱动财务管理信息系统的体系结构

事件驱动信息系统是基于业务过程和事件构建的系统，这个过程也是资金运动的过程。因此从财务管理的对象出发，根据业务过程和事件的不同，采用不同的处理工具（定义业务和信息处理规则），最终形成不同信息使用者需要的信息。事件驱动信息系统的核心是实现集成，包括非财务信息和财务信息的集成、业务过程和信息处理过程的集成、业务活动和管理活动的集成。

业务过程和业务事件发生时，通过记录事件的内容、时间、当事人、相关事项和发生地点五方面的信息，采用不同的业务和信息处理规则，形成所有反映该业务过程和事件的数据并集成存储到数据仓库中。再根据不同用户的需要，利用信息报告工具生成用户需要的信息，如财务人员利用财务方法和工具，在数据仓库中存储的业务事件数据基础上生成股东、债权人、管理者等各类使用者需要的信息。

# 第四节　财务管理信息化的相关技术与技术平台

## 一、财务管理信息化中的主要信息技术

财务管理信息化中除了应用基本的计算机技术、网络技术、通信技术、软件工程技术、数据库管理技术等构建起信息平台外，为了完成财务管理的目标，还需要在此基础上注重以下信息技术的应用。

（一）因特网、企业内部网和企业外部网技术

1. 因特网（Internet）技术

Internet 是按照一定的通信协议（TCP/IP），将分布于不同地理位置上、具有不同功能的计算机或计算机网络通过各种通信线路在物理上连接起来的全球计算机网络系统。它是以 TCP/IP 协议为基础组建的全球最大的国际性计算机网络。利用 Internet 主要可以完成以下工作。

（1）收发电子邮件。Internet 提供的电子邮件服务可以使人们通过计算机网络实现相互间的通信。

（2）远程登录。通过 Telnet（远程终端协议）可以像当地用户一样访问远地系统资源。

（3）文件传输。主要是完成从一个系统到另一个系统完整的文件复制。

（4）访问链接。通过 WWW（World Wide Web，万维网）可以访问遍布在 Internet 上的链接文件。WWW 界面丰富多彩，包括普通文字、超文本、图片、动画、视频、音频媒体等。WWW 的使用方法也很简便。

（5）交流信息。Internet 用户可以利用 BBS（Bulletin Board System，网络论坛）书写、发布信息或提出看法进行交流。企业各部门及企业之间可以通过因特网及时地共享信息，达到集成、协调管理的目的，而且成本低。

## 2. 企业内部网（Intranet）技术

Intranet 是按照 Internet 的连接技术，将企业内部分布于不同地理位置上的具有不同功能的计算机或计算机网络通过各种通信线路在物理上连接起来的网络系统。它与 Internet 的不同在于：Internet 是在不同的组织机构中传输信息和数据的，而 Intranet 是在一个组织机构内部进行信息和数据交换，这些信息和数据包含了组织内部经营管理涉及的方方面面。

（1）Intranet 是企业实现电子商务的基础，企业只有先建立良好的 Intranet 和比较完善的标准及各种信息基础设施，才能顺利扩展到 E-Business（电子商务）。

（2）由于 Intranet 应用从一个中心位置集中发布和管理，各用户采用一致的网络浏览器，使得从决策支持、客户服务、生产工程到分销渠道操作、销售自动化和执行信息系统这一系列建立在 Intranet 上的商务应用更加有效和流畅，各部门可以更有效地联系和协作。

（3）实现信息高度共享。Intranet 上信息存放位置是单一的，即一个信息只存放在网上的一个地方。不管用户处于什么位置和时区，Intranet 技术都允许他们共享知识和信息。

（4）信息存取更加方便、快捷。利用 Intranet 技术，网上用户可以快速得到想要的数据和信息。例如，Intranet 集中发布产品、服务和市场信息，提供快速且可控的进入公司相关数据库的通道，这样各部门就可以更有效率地协作并保证系统用户及时得到他们需要的信息。

（5）Intranet 可以动态地、可交互式地存取信息。它不仅允许通过服务器上的"搜索"功能来查找信息，还允许将新的信息自动加入用户的系统中，从而实现企业内部经营管理涉及的信息和数据的实时交换。

## 3. 企业外部网（Extranet）技术

Extranet 是利用 Internet 技术将企业的 Intranet 与供应商、客户、合作伙伴、销售代理等的网络互连起来，实现信息交换的网络。在概念上，Extranet 是介于 Intranet 和 Internet 之间的。对有些价值链来说，通过价值链中的几家公司共享一个封闭的网络（无 Internet 存取），既可以实现价值链各伙伴企业的信息共享，还可以避免因特网给企业带来的安全问题。

从技术上看，Internet、Intranet 和 Extranet 都建在相同的网络设施上，但是它们的规模和应用还是不同的。Intranet 是公司内部的信息交换，大大提高了公司内部的管理效率；Extranet 是一些相互关联的公司组织在一起，共同分享彼此的信息，进行网上交易的平台；Internet 则是将全球的因特网用户连接在一起，应用更广、更全面。

## （二）电子商务技术

正如开始时电子商务叫作 E-Commerce，后来随着应用扩大到事务处理，又被叫作 E-Business 一样，电子商务的概念和内涵是不断扩充、完善和发展的。至今并没有一个严格统一的定义。我们可以认为电子商务就是对利用电子信息网络设施来实现商品和服务交易活动的总称，是一种以现代信息网络为载体的新的商务活动形式。

站在企业的角度，首先，电子商务的应用是面向市场的以交易为中心的商务活动。企业可以利用电子数据交换和 Internet 完成交易活动前的广告宣传、网络营销、咨询洽谈，交易中的网上订购、产品发送、网上支付、业务协作，以及交易后的意见征询、售后服务等商贸活动的全过程。其次，电子商务还要面向企业内部，充分利用 Intranet 优化企业内部经营管理活动，实现企业全面信息化、网络化管理，与企业开展的电子商贸活动保持协调一致。电子商务具有传统贸易活动无法相比的优势和特点。

（1）电子商务平台是开放性的，商务活动摆脱了距离和范围的限制，得以在全球范围的大市场中进行。企业面对的客户是全球化的，顾客的范围因 Internet 网络的覆盖面而变得无边界，电子商务的应用使许多服务能够通过计算机系统和网络的连接自动地完成，使有些服务能够无限度地满足人们的需求，使交易的手段、机会和服务都有了前所未有的变化。

（2）在世界范围内共享信息成为电子商务的重要特征之一。这要求在相同技术应用的条件下，企业要共同遵守相同的商务规则，为全球商务活动达到统一奠定基础。

（3）安全性成为电子商务必须考虑和面对的核心问题。交易过程中的支付安全、网络环境的安全，如信息的完整性、不被篡改和保密性等成为阻碍电子商务发展的重要因素。必须从技术、法律和组织等多个环节采取更积极有效的方式和措施，建立一个安全的电子商务环境。

（4）商务活动是一个协调的过程，它需要客户、生产方、供货方及商务伙伴的协调。电子商务在拓展了商务的空间、时间范围的同时也对协调提出了新的要求。例如，在世界范围内采用开放的、统一的技术标准，建立统一的商务确认、电子税收分配机制等。

## （三）数据仓库、数据挖掘和商务智能技术

### 1. 数据仓库

数据仓库是一种面向决策主题的、由多数据源集成的、稳定的、不同时间的数据集合。数据仓库与数据库不同，数据库系统作为数据管理手段主要用于业务处理，而数据仓库主要用于分析型处理，即管理人员的决策分析。

财务管理中，数据仓库可以用于企业对决策分析信息的管理需要，使各类用户可以根据自身的需要利用数据挖掘技术从数据仓库中获取各自需要的信息。

### 2. 数据挖掘

数据挖掘是提取有用信息的"数据产生"过程。它是从大量的数据中挖掘出隐含的、先前未知的、对决策有潜在价值的信息和知识，并能够根据已有的信息对未发生的行为做出结果预测的过程。数据挖掘最早来源于人工智能技术，到20世纪90年代末，已经出现了很多的数据挖掘的方法和工具。数据挖掘综合了多个学科技术，其根本目标是为决策提供有价值的、可利用的信息。数据挖掘的功能在于其能够发现信息和知识的类型。

## 3. 商务智能技术

虽然目前对商务智能技术并没有一个统一的说法，但它的前景却被许多人看好。泛泛地说，商务智能技术是指企业利用现代信息技术对各种商务数据和信息进行收集、管理及定量分析的技术策略、过程与工具。商务智能技术的核心使命是改善商务决策水平，帮助企业决策者做出及时、正确、可行、有效的决策，提高企业综合竞争力。

与数据挖掘技术相比，商务智能技术是以提升企业核心竞争力为目的的，与企业目标一致。从技术上看，它是数据仓库、在线分析处理、数据挖掘等先进计算机信息处理技术的综合运用。应该说商业智能是企业信息化的发展方向之一。

## （四）信息系统集成技术

集成是将某一系统或某一系统的核心部分、要素联结在一起，使之成为一个统一整体的过程。集成是一种思想和方法，在企业信息化过程中它被广泛用于构造复杂系统和解决复杂系统的效率问题。笼统地说，信息系统集成可以起到消除信息孤岛、优化业务流程、动态监控绩效、实现协同商务及持续改善管理的作用。

按照信息平台的层次，信息系统集成可以划分为物理集成、数据和信息集成及功能集成。物理集成是系统运行和开发环境的集成，是指通过构建一个包括硬件基础设施、软件系统在内的统一、高效、协调的平台，实现各用户应用和管理的协同与高效。数据和信息集成是通过数据与信息的统一设计规划、存储和管理，达到不同部门、不同层次的人员都能够共享信息资源的目的。功能集成是通过各部门业务处理功能的统一规划、选择和分配，从应用上实现协同处理。

按照集成的内容，信息系统集成可以划分为过程集成和企业集成。过程集成是在信息集成的基础上，通过过程之间的协调，消除过程中各种冗余和非增值的子过程（活动），以及由人为因素和资源问题等造成的影响过程效率的一切障碍，从而使企业过程达到总体最优的集成。企业集成包含企业内集成和企业间集成两层含义，企业内集成是指在过程集成的基础上，企业内全面实现人、管理、技术三者的集成；企业间集成是企业与其上下游伙伴企业之间基于外部网络实现信息交换与事务处理的协同。

企业应用集成（Enterprise Application Integration，EAI）是一种面向业务，以业务流程管理为核心的集成技术，它实现了整个企业数据库、企业资源计划、客户关系管理、供应链管理及其他重要系统之间的无缝连接，进而达到提高客户服务质量，提高企业核心竞争力的目的。

## 二、财务管理信息系统的技术平台

财务管理信息系统的技术平台既包括网络化基础设施，也包括操作系统、数据库管理系统、数据仓库、应用系统、工具软件等软件系统。从底层向上可以划分为以下部分：网络化硬件基础设施、支撑软件系统、应用软件系统、企业应用模型、企业个性化配置系统、安全保证体系。

### （一）网络化硬件基础设施

网络化硬件基础设施是指包括输入设备、处理设备、存储设备、输出设备、通信设施和其他机房设施等在内的所有硬件构成的系统。网络化硬件基础设施构成了财务管理信息系统能够正常运行的硬件环境。它是财务管理信息化技术平台的物质基础，是财务管理实现计算机化处理和网络通信的前提条件，若不构建适合的硬件基础设施就不可能实现财务管理的自动化。

### （二）支撑软件系统

支撑软件系统是由操作系统（包括网络操作系统）、数据库管理系统、数据仓库、计算机语言、其他工具软件等构成的基础软件系统。它是财务管理信息系统的基础。支撑软件系统的安全影响应用系统和系统业务内容的安全。

### （三）应用软件系统

应用软件系统是企业选择和实施的财务管理信息系统。一般单体企业财务管理的应用软件系统包括资产管理系统（包括现金管理、应收账款、存货管理、固定资产管理等几大子系统）、筹资管理系统、投资管理系统、收入管理和利润规划系统、预算管理系统、成本管理系统、财务分析系统等。针对集团企业，除了上述进行财务管理必需的功能系统外，战略规划系统、风险管理系统、集团预算管理系统、集团资金管理系统和财务结算等都是集团财务管理信息化可以选择的应用软件系统。

（四）企业应用模型

各企业可能属于不同的行业、不同的产业，具有不同的规模，采用不同的管理方式和不同的业务流程等，因此，各企业可能对信息化的需求和应该采用的信息化应用系统存在巨大差异。应用模型是指企业信息化所采用的模型，如企业的业务模型、业务流程模型、功能模型、组织结构模型等。企业应根据自身的特点选择和定义应用模型。比如，选择需要的功能系统，利用相应的支撑软件平台定义企业业务处理的工作流、定义业务数据之间的关联关系；根据业务需要配置各种系统参数、初始化应用系统；根据企业组织结构定义角色和各级用户并授权等。

（五）企业个性化配置系统

各个企业根据自身的应用模型选择应用系统中能满足自身业务和管理需求的功能系统，然后根据应用模型的需求配置参数、初始化，最终构建出满足企业自身需求和特点的个性化系统。

（六）安全保障体系

财务管理信息化技术平台的安全保障体系是对保障财务管理信息化技术平台和信息处理内容安全的所有要素构成的体系的总称。从内容上，它既包括法律法规体系、制度建设、安全机制的构建、信息安全机构设置，也包括技术平台安全风险分析与评价、安全保障技术、安全控制措施，还包括经过认证的安全产品的选择等。

# 第五节　财务管理信息系统开发

与其他信息系统一样，财务管理信息系统的开发是一项复杂的系统工程。它涉及的知识面广、部门多，不仅涉及技术，还涉及管理、业务、组织和行为。

## 一、财务管理信息系统的开发方法

信息系统开发方式确定之后，就要按照一定开发方法的要求进入系统的开发阶段。信息系统开发方法描述了完成软件开发工作过程中的具体工作方式，它指出在完成软件开发各阶段任务时所需要的详细工作办法，并给出工作中所生成的文档格式，提出了工作完成质量的评价标准。至今人们已经总结了很多开发方法，常见的如结构化系统开发方法、面向对象的开发方法等。

### （一）结构化系统开发方法

结构化系统开发方法是自顶向下的结构化方法与工程化的系统开发方法、生命周期模型的结合。它是迄今为止应用最普遍、最成熟的系统开发方法。其基本思想是：采用系统工程的思想和工程化方法，结构化、模块化，自顶向下地对系统进行分析与设计。具体来说，就是先将整个信息系统设计开发过程划分成若干个相对独立的阶段，如系统规划、系统分析、系统设计、系统实施等。在前三个阶段坚持自顶向下对系统进行结构化划分。在系统规划时应从最顶层的管理业务入手，逐步深入至最底层；在系统分析和系统设计时，应从宏观整体入手，先考虑系统整体的优化，再考虑局部的优化问题；在系统实施阶段，则应坚持自底向上地逐步实施，从最基层的模块做起，然后按照系统设计的结构，将模块一个个拼接到一起进行调试，自底向上逐步地构成整体系统。

用结构化系统开发方法开发一个系统，一般将整个开发过程划分为五个首尾相连的阶段，称之为系统开发的生命周期。这些阶段主要内容如下。

#### 1. 系统规划阶段

系统规划阶段主要是根据用户的系统开发请求，进行初步调查，明确问题，确定系统目标和总体结构，确定各阶段实施进度，然后进行可行性研究，写出可行性分析报告。

## 2. 系统分析阶段

系统分析是开发工作的第一个阶段，它以系统规划中提出的目标为出发点，对系统现行系统和目标系统进行详细的调查与系统化的分析，建立系统的逻辑模型。主要任务是调查管理业务流程和数据流程，在此基础上写出系统分析报告。

## 3. 系统设计阶段

系统设计阶段是在系统分析提出的逻辑模型基础上设计系统物理模型的过程，其主要的任务是进行总体结构设计和详细设计，包括代码设计、数据库/文件设计、输入/输出设计、模块结构与功能设计、编写程序设计说明书。系统设计阶段的成果是系统设计说明书。

## 4. 系统实施阶段

系统实施阶段的任务就是进行程序设计及调试、人员培训、数据准备、系统转换及系统投入试运行。这一阶段的成果除了最终实现信息系统外，还包括有关的技术文档，如程序说明书、使用说明书等。

## 5. 系统运行与维护阶段

系统运行与维护阶段是在前面各阶段基础上正式开始系统的运行，主要进行系统的日常运行管理、系统维护和系统评价三方面工作。

## （二）面向对象的开发方法

面向对象的开发方法是一种按照人们对现实世界习惯的认识论和思维方式来研究与模拟客观世界的方法学。它将现实世界的任何事物均视为"对象"，将客观世界看成是由许多不同种类的对象构成的，每种对象都有自己的内部状态和运动规律，不同对象之间的相互作用和联系构成了完整的客观世界。

采用面向对象方法开发系统时，强调在系统分析阶段以系统中的数据和信息为主线，全面、详尽、系统地描述系统的信息，用以指导系统设计。面向对象的开发过程一般分四个阶段。

1．需求分析

需求分析是对系统将要面临的具体管理问题及用户对系统开发的需求进行调查研究，即明确系统要干什么。

2．面向对象分析

在繁杂的问题域中抽象地识别出对象及其行为、结构、数据和操作等。

3．面向对象设计

对分析的结果做进一步的抽象、归类、整理，最终以范式的形式确定下来。

4．面向对象程序设计

用面向对象的程序设计语言将设计阶段整理出的范式直接映射为应用程序。

在面向对象的开发方法中系统分析和设计是反复进行的，充分体现了原型开发的思想。

## 二、财务管理信息系统的需求分析

作为财务管理信息系统的使用者，无论采用哪种开发方式、什么样的开发方法，需求分析都是必须做的。只有通过需求分析，才能将系统功能和性能的总体概念描述为具体的软件需求说明，从而奠定开发的基础。需求分析工作是一个不断认识和逐步细化的过程，它将总体规划阶段确定的软件工作域逐步细化到可详细定义的程度。

需求分析不只是开发人员的事，使用者也起着至关重要的作用。使用者必须对系统功能和性能提出初步要求，系统分析人员在认真了解使用者要求的基础上，细致地进行调查分析，把使用者的要求转换成系统逻辑模型，并准确地用系统需求说明书表达出来。下面以结构化系统开发方法的需求分析为例说明这个阶段的目标和财务人员所要做的工作。

（一）需求分析的目的

需求分析所要做的工作是描述目标系统的功能和性能，确定系统设

计的限制和本系统同其他系统的接口细节，以及定义系统的其他有效性
需求。

系统分析员通过需求分析，细化对系统的要求，给系统开发提供一
种可转化为数据设计、结构设计和过程设计的数据与功能表示。系统开
发完成后，系统需求说明书将作为评价软件质量的依据。

信息系统开发的最终目的是实现目标系统的物理模型，即解决怎么
做的问题。物理模型是由逻辑模型实例化得到的。与物理模型不同的
是，逻辑模型不考虑实现机制与细节，只描述系统要完成的功能和处理
的数据。需求分析的任务就是借助于现行系统的逻辑模型导出目标系统
的逻辑模型，解决目标系统"做什么"的问题。从现行系统获得目标系
统的步骤可以用图7-2表示。图中对现行系统进行分析，并获得目标
系统逻辑模型的过程即为需求分析。

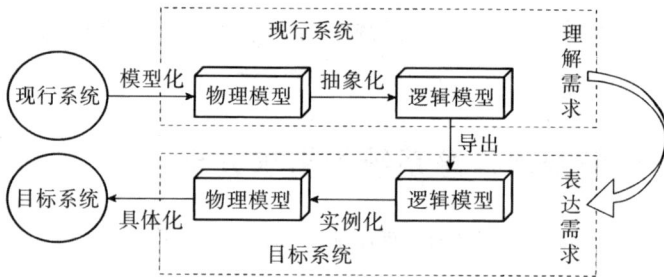

图7-2 系统开发过程

### 1. 获得现行系统的物理模型

现行系统可能是需要改进的计算机处理系统，也可能是手工系统，
或者部分手工处理、部分计算机处理的系统。在这一步首先要分析、理
解现行系统是如何运行的，了解现行系统的组织机构、输入/输出、资
源利用情况和日常数据处理过程，并用一个具体模型来反映分析者对现
行系统的理解。现行系统的物理模型应客观地反映实际情况。

### 2. 抽象出现行系统的逻辑模型

在理解现行系统"怎样做"的基础上，抽取其"做什么"的本质，
从而从现行系统的物理模型抽象出现行系统的逻辑模型。抽象的过程就
是区分决定物理模型的本质因素和非本质因素，并去掉非本质因素，从

而获得反映系统本质的逻辑模型的过程。

3．建立目标系统的逻辑模型

分析目标系统与现行系统逻辑上的差别，明确目标系统到底要"做什么"，从而从现行系统的逻辑模型导出目标系统的逻辑模型。具体做法是：

①决定变化的范围，即决定目标系统与现行系统在逻辑上的差别；

②将变化的部分看成新的处理步骤，对功能图、数据流图等进行调整；

③由外向内对变化的部分进行分析，推断其结构，获得目标系统的逻辑模型；

④为了完整地描述目标系统，对得到的逻辑模型进行补充、完善。

## （二）需求分析的过程和内容

需求分析工作可以分成四个方面：问题识别、分析与综合、编制需求分析文档和需求分析评审。

1．问题识别

系统分析人员要研究可行性分析阶段产生的可行性分析报告和系统开发项目实施计划，从系统的角度理解和确定系统范围，确定对目标系统的综合要求（即系统需求），并提出这些需求实现的条件及需求应达到的标准，也就是解决目标系统做什么，做到什么程度的问题。系统需求主要从以下几方面表述。

（1）功能需求

列举出所开发系统在职能上应做什么。这是信息系统需求分析中最主要的内容。

（2）性能需求

给出所开发系统的技术性能指标，包括存储容量限制、运行时间限制、安全保密性等。

（3）环境需求

这是对系统运行时所处环境的要求。例如，硬件方面采用什么机型、有什么外部设备、构建何种网络、数据通信接口等；软件方面采用什么支持系统运行的系统软件（操作系统、数据库管理系统等）；使用方面上需要使用部门在制度上、操作人员的技术水平上具备什么样的条件等。

（4）可靠性需求

可靠性需求就是对目标系统将来实际投入运行后，在不同的运行环境下不发生故障的概率水平，以及目标系统对运行环境的要求等做出估计。对重要系统或是运行失效会造成严重后果的系统，应当提出较高的可靠性要求。

（5）安全保密要求

安全保密要求将对系统在不同环境下安全、保密的要求做出规定，通过对目标系统进行特殊的设计，使其安全保密方面的性能得到保证。

（6）用户界面需求

用户界面是用户与系统交互的直接渠道，通过对用户交互界面需求的定义，详细规定用户界面应该达到的要求，使用户界面更友好、更方便，有助于提高系统的使用效率。

（7）资源使用需求

资源使用需求是对目标系统运行时所需的数据、基础软件、内存空间等各项资源的定义。

此外，对于自行开发系统或二次开发系统来说，项目立项后，还要提出系统开发成本与进度需求，根据合同规定对系统开发的进度和各阶段费用提出要求，作为信息系统工程项目管理的依据。

2. 分析与综合

需求分析的第二步是问题分析和方案综合。

（1）确定功能需求

分析人员要从数据流和数据结构出发，逐步细化所有的系统功能，找出系统各元素之间的联系、接口特性和设计上的限制，分析它们是否满足功能要求，是否合理，详细地明确功能需求。

（2）确定其他需求

在功能需求确定的基础上，对问题识别阶段提出的除功能需求外的其他需求进行分析、完善，剔除不合理的部分，增加需要的内容，最终形成系统的需求方案（即逻辑模型），并用一定的分析方法工具，如结构化分析方法、面向数据结构的 Jackson 方法、面向对象的分析方法等工具将逻辑模型直观地描述出来。

### 3．编制需求分析文档

系统需求应该用图文组成的格式化文档清晰、准确、完整地描述出来，作为下一步系统设计和未来目标系统评价的依据。通常把描述系统需求的文档称为系统需求说明书。

### 4．需求分析评审

作为需求分析阶段工作的复查手段，在需求分析的最后一步，应该由专门指定人员组成的评审组，按照严格的规程对功能的正确性、完整性和清晰性，以及其他需求给予评价。评审结束应有评审负责人的结论意见及签字。

## （三）财务人员在需求分析中的职责和应该具备的素质

对于自行开发的系统或购买软件之后进行二次开发的系统来说，业务人员的参与和配合是非常重要的。系统需求分析的过程，也是系统开发人员与用户密切配合、充分沟通和交换意见的过程。系统需求分析阶段的开发人员是系统分析员，他们是用户与程序员之间的桥梁；财务人员熟悉企业的财务业务，同时他们又是目标系统的直接使用者，他们在财务管理信息系统的需求分析中也起着至关重要的作用。

### 1．财务人员在需求分析中的职责

财务人员对数据处理工作的考虑、对软件的意见和要求应该看作是需求分析十分宝贵的原始资料。财务人员在需求分析中担负的主要职责包括以下方面：

①积极配合系统分析员的工作，包括按照要求提供系统分析员需要的各种业务资料、文档材料，根据需要务系统分析员讲解业务处理过

程、各种业务资料和文档材料等的作用；

②准确、完整、清晰地描述现行系统（手工系统或信息系统）；

③准确、充分地阐明对目标系统的要求。

## 2. 参与需求分析的财务人员应该具备的素质

为能胜任上述任务，参与需求分析的财务人员应当具备以下素质。

①具有熟练的财务业务知识和经验；全面、深入地了解本单位的现行系统，了解现行系统存在的问题和优点。

②全面、深入地了解目标系统应该达到的目标；了解本单位目标系统运行的环境条件。

③具有一定的计算机硬件、软件的专业知识，尤其是软件工程、数据库管理系统方面的专业知识。

④具有良好的书面和口头表达能力。

⑤善于与他人合作，能够倾听他人的意见，注意发挥其他人员的作用。

⑥具有一定的从相互冲突或混淆的原始资料和现象中找出恰当的问题的能力。

# 第八章　大数据
# 对于财务管理的影响

## 第一节　大数据时代财务管理面临的挑战

### 一、传统的事务性财务管理已无法满足现代企业管理的需要

仅仅做好账务核算，针对月度或年度的财务报表进行分析，已无法对企业管理层做出及时、准确的决策带来帮助。尤其是在大数据时代，面对大量的数据信息及各种新技术、新业务模式的冲击，财务管理如果仅仅是"摆数据"，对企业发展和变革来说，是起不到支持作用的。因此，财务管理应该以更主动、更积极的方式来为企业服务，要实现从"事务型"向"经营管控型"的转变，要更加注重数据的及时性，以及财务数据与业务数据的融合。在业务流程中，预算是一切活动的开始，预算与业务流程的融合能够制定出更切实可靠的预算方案；收入是业务流程的核心，通过梳理各个业务环节所涉及的收入点并绘制收入风险图，以监控收入全程，保障收入实现；成本管控与业务流程的融合则更能体现精益财务的思想，借助信息系统能够对成本发生点进行监控，并及时调整资源的分配；资产是一切经营活动的基础，资产管理与业务流程相结合能够获取更详细准确的资产使用和需求状况；风险控制与业务流程的融合则更加满足了全面风险管理的要求。大数据时代，微博、微信、博客等传播介质中的各类与企业相关的信息，有的看起来很有用，实则与企业没有关联度，有的看起来微不足道，实际却与企业的发展战

略息息相关，然而对这些信息的处理需要耗费大量的人力和物力，而且只有具有财务与数据分析能力的专业人才才能胜任此项工作。

## 二、现代企业管理已经不满足于用企业资源计划等手段进行事后管理

由于竞争的加剧，以及对数据时效性的关注，企业管理层希望得到更富有洞察力、更富于前瞻性的数据和分析。这也给传统的财务分析模式带来冲击。财务人员对于大数据的整合和分析能力将得到关注和提升，要在繁杂的数据中，去粗取精，化繁为简；能灵活根据管理需求多维度对财务数据进行分析；能运用大数据准确地预测未来的趋势和变化。这些都将给企业经营带来极大的价值。企业利用大数据强大的数据处理功能使财务管理人员脱离繁杂的工作成为可能。企业通过建立数据仓库、数据分析平台，使财务管理工作变得十分高效、流畅，同时财务管理的远程化、智能化和实时化也会成为可能。通过对财务信息和人力资源等非财务信息的收集、整理和分析，大数据可以为企业决策提供强大的数据支持，帮助企业选择成本最低、收入最高、风险适中的方案和流程，减少常规失误，最大限度地规避风险，使得企业的财务管理工作更具前瞻性和智慧性，企业的内部控制体系得以进一步优化。

## 三、业务和财务数据的协同需要解决

大数据分析是优化配置各个部门、各个子公司人力资源的最佳方案。企业要适应时代之需，建立新财务模型，通过分析大数据，找到配置各类资源的最佳路径和最便捷的工作路线图，从而降低成本、节约资源、提高效率，为企业制订科学发展方案提供依据。为适应新技术所带来的业务模式变化，企业的发展会通过纵向和横向两个维度展开，同时一系列的重组兼并也将会展开。如果这时财务管理依然停留在传统"事务型"的状态，一方面无法对企业实施有效兼并带来帮助；另一方面，在兼并后，企业间的业态差异、管理水平差异等会导致整体管理难度加

大。因此，如何实现业务和财务数据的协同、下属企业管理需求的统一，以达到企业管理水平的提升，是企业在大数据时代迫切需要解决的问题。

## 四、财务管理信息需要更深刻地挖掘

在大数据时代背景下，企业获得财务管理信息的主要途径除了传统的财务报表外，利用大数据技术，企业可以从业务数据、客户数据等方面挖掘更多的财务管理信息。以计算为核心的大数据处理平台可以为企业提供一个更为有效的数据管理工具，提升企业财务管理水平。很多企业对自身目前的业务发展状态的分析只停留在浅层面的数据分析和进行简单的汇总信息，在同行业的竞争中缺乏对自身业务、客户需求等方面的深层分析。管理者若能根据数据进行客观、科学、全面的分析后再做决定，将有助于减少管控风险。

企业在大数据时代的背景下，不仅需要掌握更多、更优质的数据信息，还要有高超的领导能力、先进的管理模式，如此才能在企业竞争中获得优势。除了传统的数据企业平台以外，可建立一个非结构化的集影像、文本、社交网络、微博数据为一体的数据平台，通过内容挖掘或者企业搜索，开展声誉度分析、舆情化分析以及精准营销等；企业可随时监控、监测变化的数据，开展提供实时的产品与服务，即实时的最佳行动推荐。企业的创新、发展、改革，除了传统的数据之外，还要把非结构化数据、流数据用在日常企业业务当中，对产品、流程、客户体验进行实时记录和处理。企业可融合同类型数据，互相配合进行分析，以突破传统的商业分析模式，带来业务创新和变革。企业可通过微博、社交媒体把需要的文档、文章，放进非结构化的数据平台中，对其中的内容进行字、词、句的分析和情感分析，同时还有一些关系实体的识别。通过这些内容，可以帮助使用者获得更加真实、更具经济价值的信息，帮助股东加强对企业管理层的约束力，帮助部分中小企业解决融资难的问题。

## 五、财务管理信息对企业决策的支持力度需要提升

企业在大数据时代背景下能够获得多维度的海量数据信息。在原来的工作模式中，企业可能无法应对如此繁杂的数据，但在大数据条件下，企业可以建立一个大数据预测分析系统，让企业从繁杂的数据监测与识别工作中解脱出来，为企业赢取更多的时间来进行决策与分析。大数据运用的关键在于有大量有效且真实的数据。一方面，企业可以考虑搭建自有的大数据平台，掌握核心数据的话语权，在为客户提供增值服务的同时，获得客户的动态经营信息和消费习惯。另一方面，企业还要加强与电信、电商、社交网络等大数据平台的战略合作，建立数据和信息共享机制，全面整合客户有效信息，将金融服务与移动网络、电子商务、社交网络等密切融合。另外，大数据时代的到来和兴起也大大推动了企业财务管理组织的有效转型，为企业财务管理工作提供了优化的契机。大数据除了可提升企业管理信息化水平以外，还应该成为企业财务管理人员整合企业内部数据资源的有效利器。因此，企业在聚焦财务战略的过程中，企业财务管理人员需要掌握经营分析和经营管理的权力，将企业财务战略管理的范畴扩展到数据的供应、分析和资源的配置，积极推动财务组织从会计核算向决策支持的转型。

## 六、财务管理信息的准确度需要提升

财务报告的编制以确认计量记录为基础，然而由于技术手段的缺失，财务数据和相关业务数据作为企业的一项重要资源，其价值在编制报告的过程中并没有受到应有的重视。受制于技术限制，有些企业决策相关数据并未得到及时、充分的收集；或者由于数据分类标准差异，导致数据整合利用难度大、效率低。因此，相关财务管理信息不准确、不精准，大量财务管理数据在生成财务报表之后便处于休眠状态而丧失价值。但大数据使得企业高效率地整合、处理海量数据成为可能，大量财务管理数据的准确性得以提升。企业目前的困境之一是现有的财务部门

的工作人员缺乏信息化数据处理的思维与能力，对大数据技术的认识不足，而有关技术部门的人员虽然具备一定的信息化处理思维能力，但由于对财务管理相关方面理解不到位，导致不能从海量财务数据中提取出对企业有价值的信息。因此，在信息技术不断发展的同时，企业要高度重视综合性人才的培养、引进。财务数据是企业财务管理的核心，大数据时代，财务数据更多的是电子数据，这就需要财务管理人员尽快通过集中处理数据来提取对企业有用的信息，建立企业需要的新的数据分析模型，合理存储和分配财务资源，进而做出最优的财务决策。

## 七、企业财务人员的角色需要转变

从企业财务管理的角度分析，大数据为财务人员从记账复核和简单的报表分析向高层管理会计转型提供了机遇。大数据技术能够帮助财务人员解决传统分析难以应对的数据分析难题，及时评价企业的财务状况和经营成果，从而揭示经营活动中存在的问题，为改善经营管理提供明确的方向和线索。财务管理者应清晰地认识到，对投资人决策有用的信息远远不止财务信息，伴随着大数据时代的到来，真正对决策有用的应该是广义的大财务数据系统，它包括战略分析、商务模式分析、财务分析和前景分析，它所提供的财务报告应该是内涵更丰富的综合报告，该报告能够反映企业所处的行业背景，对企业战略、治理、业绩和前景等重要信息进行整合并列示。另外，综合报告中的非财务信息比例增大并进行了准确量化。

在大数据时代，CFO（Chief Financial Officer，首席财务官）将在企业价值创造中扮演更重要的角色。大数据时代 CFO 的主要职能在于进行更有效的企业价值分析和价值创造。运用财务云等先进的管理技术，CFO 能对大量的财务、商业数据进行分析处理，发掘出对企业有价值的信息，优化企业业务流程，将资源更好配置到快速增长的领域，从而为企业创造更大的价值。这要求 CFO 进一步强化对企业经营活动的反应能力、风险控制能力及决策支持能力。对于一般的财务人员来说，在应对大数据方面，需要更为广泛的数据处理能力作为支撑。大数据时代，财务数据更多的是电子数据，这就要求财务人员更好地掌握计算机技术，能从大量数据中抽取对自己有利的内容并为己所用。日益复杂的财务环境对企业财务管理提出了更高的要求，而培训又是提高员工综合素质最有效的手段，所以企业需结合自身的实际情况，聘请有经验的专家指导财务管理人员的工作，激发员工学习的积极性，提高财务管理人员的业务能力。

# 第二节  大数据对企业竞争优势的影响

## 一、竞争战略

企业的战略管理主要是通过对企业及社会市场的变化进行管理来实现的。企业的战略管理者往往也是不断寻找和发现变化的人，他不仅需要寻找变化，还需要能够快速适应这种变化，并且不断地告诫企业中的所有人这样一个理念：变化是必然的，是不可避免并且时刻存在的。在大数据时代背景下，社会的需求、经济市场的变化可谓是瞬息万变，竞争日益激烈，在这样的发展现状面前，加强对企业战略管理变化的研究就显得十分重要和必要了。

竞争战略理论认为，行业的盈利潜力决定了企业的盈利水平，而决定行业盈利潜力的是行业的竞争强度和行业背后的结构性因素。因此，产业结构分析是建立竞争战略的基础，理解产业结构永远是战略分析的起点。企业在制订战略时，重点分析的是产业特点和结构，特别是通过深入分析潜在进入者、替代品威胁、产业内部竞争强度、供应商讨价还价能力、顾客能力这五种竞争力量，来识别、评价和选择适合的竞争战略，如低成本、差异化和集中化竞争战略。在这种战略理论的指引下，企业决策者认为企业成功的关键在于选择发展前景良好的行业。

## 二、大数据时代的商业生态

传统的企业战略管理模式是一个解决问题的正向思维模式，先发现问题再通过分析、找到因果关系来解决。但是，大数据环境下的企业战略模式则不同，其是按收集数据、量化分析、找出相互关系、提出优化方案的顺序进行。它是一个使企业产生质的飞跃的积极思维模式，是战略层次的提高。

大数据环境中基于互联网的连接、海量数据的存储和云计算平台的融合，商业生态系统在数据获取、传递、处理、共享和应用方面更加频繁与便利，更有助于知识溢出和协同创新。对企业战略决策而言，不仅要适应系统内环境，参与系统内开放性竞争，而且还能进一步影响和改变环境。大数据环境中商业生态系统的企业实体网络与虚拟网络相融合，随着数据与交易网络效应的放大，促进数据量和用户数量的迭代增加，实现资源共享和优势互补，进一步强化商业生态系统的盈利模式和可持续发展。

### （一）市场洞察的实时与精准

大数据的实时处理与反映已经覆盖商业生态系统各个链条的各个节点，在既竞争又协同的非线性相互作用下，对于某一方所产生的任何需求及供给都能及时地做出反应，实时并精准地洞察市场的需求和用户的变化，指导企业提升产品与服务创新速度，缩短产品生命周期，基于个性化和差异化数据实现目标市场的细分，与行业耦合。

### （二）企业运作的竞合与协同

商业生态系统内企业边界、行业边界愈发模糊并几乎融合，开放性也更加明显，大数据背景下，以互联网和电子商务为平台的企业合作伙伴选择范围更广，商业生态系统的成员结构具有动态性，其合作关系表现为非线性的网络化企业运作，一方面体现在传统的大规模企业群体以原有的供应链为基础，向网络生态价值链转变，企业间分工协作、互利共生；另一方面体现在基于协同商务模式构建企业间的密切合作关系，使地域上异地分布、结构上平等独立的多个企业共同组成动态的"虚拟企业"或"企业联盟"。大数据环境下，深入剖析商业生态系统新型企业间协同组织形式和运作机制，从而实现商业生态系统资源的优化、动态组合与共享。

## （三）社会公众的互动与反馈

大数据背景下商业生态系统各成员之间竞合关系的非线性作用更加具有不确定性，其网络结构也更具脆弱性，以用户参与为核心要素的创新模式对商业生态系统的冲击力更大。大数据环境中海量数据主要来源于由互联网用户自主创造的信息和数据，新的产品或服务从最初的创意设计、生产制造、质量保证、营销策划、销售等价值创造环节都会注重公众的参与、互动和反馈，从而促进产品与服务的持续改进与迭代创新，实现企业与社会化群体的和谐一致与共同发展，全面摒弃传统的"闭门造车"管理模式，进而推动商业生态系统的持续优化和协同发展。

# 三、大数据时代对企业核心竞争力的挑战

## （一）核心竞争力的要素

大数据时代，企业大数据和云计算战略将成为第四种企业竞争战略，并且企业大数据和云计算战略将对传统的企业三大竞争战略产生重要影响。企业管理者要对大数据和云计算高度重视，把其提高到企业基本竞争战略层面，企业大数据和云计算战略可以作为企业基本战略进行设计。因此，数据竞争已经成为企业提升核心竞争力的利器。来自各个方面零碎的庞大数据融合在一起，可以构建出企业竞争的全景图，洞察到竞争环境和竞争对手的细微变化，从而快速响应，制定有效竞争策略。

企业传统的竞争力包括人才竞争力、决策竞争力、组织竞争力、员工竞争力、文化竞争力和品牌竞争力等。在大数据时代，数据正在逐步取代人才成为企业的核心竞争力，数据和信息作为资本取代人力资源成为企业最重要的具有智能化的载体。这些能够被企业随时获取和充分利

用的信息和数据，可以引导企业对其业务流程进行优化和再造，帮助企业做出科学的决策，提高企业管理水平。

大数据主要在以下四个方面挖掘出巨大的商业价值：

①对顾客群体细分，然后对每个群体量体裁衣般地采取独特的行动；

②运用大数据模拟实境，发掘新的需求和提高投入的回报率；

③提高大数据成果在各相关部门的分享程度，提高整个管理链条和产业链条的投入回报率；

④进行商业模式、产品和服务的创新。

可见，大数据给企业核心竞争力带来了挑战，给数据的收集、分析和共享带来了影响，为企业提供了一种全新的数据分析方法，数据正成为企业最重要的资本之一，而数据分析能力正成为企业赢得市场的核心竞争力。因此，企业必须把大数据的处理、分析和有效利用作为新常态下打造企业核心竞争力的重要战略。

## （二）产业融合与演化

企业运用财务战略加强对企业财务资源的支配、管理，从而实现企业效益最大化的目标。其中，最终的目标是提高财务能力，以获取在使用财务资源、协调财务关系与处理财务危机过程中超出竞争对手的有利条件。主要包括以下条件或能力：

①创建财务制度的能力、财务管理创新能力和发展能力、财务危机识别的能力等。

②通过财务战略的实施，提高企业的财务能力和企业总体战略的支持能力，加强企业核心的竞争力。

伴随着大数据时代的到来，产业融合与细分协同演化的趋势日益呈现。一方面，传统上认为不相干的行业之间，通过大数据技术有了内在关联，对大数据的挖掘和应用，促进了行业间的融合。另一方面，大数据时代，企业与外界之间的交互变得更加密切和频繁，企业竞争变得异常激烈，广泛而清晰地对大数据进行挖掘和细分，找到企业在垂直业务领域的机会，已经成为企业形成竞争优势的重要方式。在大数据时代，产业环境发生深刻变革，改变了企业对外部资源需求的内容和方式，同时也变革了价值创造价值传递的方式和路径。因此，企业需要对行业结构，即潜在竞争者、供应商、替代品、顾客、行业内部竞争等力量，进行重新审视，进而制定适应大数据时代的竞争战略。

（三）数据资源的重要性

大数据时代，数据成为一种新的自然资源。对企业来说，加入激烈竞争的大数据之战是迫切的，也是产出丰厚的。但是数据如同原材料，需要经过一系列的产品化和市场化过程，才能转化为普惠大众的产品。企业利用大数据技术的目的是增强企业决策管理的科学性，实质是新形势下人机结合的企业战略决策系统。通过企业内部决策系统的采集、分析、筛选、服务、协调与控制等功能，判断企业及所在行业的发展趋势，跟踪市场及客户的非连续性变化，分析自身及竞争对手的能力和动向，充分利用大数据技术整合企业的决策资源，通过制订、实施科学的决策制度或决策方法，制定出较为科学的企业决策，保证企业各部门的协调运作，形成动态有序的合作机制。

另外，将企业的决策系统与企业外部的环境结合起来，有利于企业制定科学合理的经营决策，从而保持企业在市场上的竞争优势。毫无疑问，大数据的市场前景广阔，对各行各业的贡献也将是巨大的。目前来看，大数据技术能否达到预期的效果，关键是在于能否找到适合信息社会需求的应用模式。无论是在竞争还是合作的过程中，如果没有切实的应用，大数据于企业而言依然只是海市蜃楼，只有找到盈利与商业模式，大数据产业才能可持续发展。

（四）企业不同生命周期中的财务战略与核心竞争力的关系

要提高企业核心竞争力就要处理好资源的来源与配置问题，其中资源主要指的就是财务资源，因此，财务战略的管理对企业核心竞争力的提升起到了重要的推动作用。

### 1. 企业竞争力形成的初期采取集中的财务战略

企业在竞争力形成的初期已经具备了初步可以识别的竞争力，在这一时期企业自己的创新能力弱而且价值低，企业可以创造的利润少而且经营的风险比较大。同时，在这个阶段对市场扩展的需求紧迫，需要大量的资金支持。由于企业的信誉度不够高，对外的集资能力差，所以，在这一阶段企业可以采用集中财务的发展战略，即通过集中企业内部资源扩大对市场的占有率，为企业以后核心竞争力的发展提供基础。在资金筹集方面，企业应实行低负债的集资战略，由于企业这个阶段的资金主要来源于企业内部以私人资金为主，因此，在这一时期最好的融资办法是企业内部的融资。在投资方面，企业为了降低经营风险，要采用内含发展型的投资策略，挖掘出企业内部实力，提高对资金的使用效率。这种集中财务的发展战略重视企业内部资源的开发，可以在一定的程度上减少企业经营的风险。在盈利的分配方面，企业最好不实行盈利的分配政策，把盈利的资金投入到市场开发中来，充实企业内部的资本，为企业核心竞争力的提升准备好充足的物质基础。

### 2. 企业在核心竞争力发展阶段采用扩张财务的战略

企业在核心竞争力发展的阶段，由于此时核心竞争力开始趋于稳定并且具有一定的持久性，这个时候的企业除了要投入需要交易的成本之外，还要特别注意对企业知识与资源的保护投入。在这一时期，企业要利用好自己的核心竞争并对其进行强化，在财务上要采用扩张财务的战略，实现企业资产扩张；在融资力方面要实行高负债的集资战略；在投资方面采用一体化的投资；在盈利分配方面实行低盈利的分配政策，以提高企业整体影响力。

### 3. 企业在核心竞争力稳定阶段采用稳健的财务战略

企业在这一阶段要开始实施对资源的战略转移，采取稳健的财政战略来分散财务的风险，实现企业资产的平稳扩张。在该阶段，企业可采取适当的负债集资法，因为此时企业有了比较稳定的盈利资金积累，所以在发展时可以很好地运用这些资金，以减轻企业的利息负担。在投资方面，企业要采取多元化的投资策略；在盈利的分配方面可以实施稳定增长的盈利分配法。企业的综合实力开始显著加强，资金的积累也达到了一定的数值，拥有了较强的支付能力，所以企业可以采用稳定增长的股份制的分红政策。

## 四、大数据时代企业竞争优势的演化方向

### （一）对企业内外部环境的影响

大数据已经渗透到各个行业和业务职能领域，成为重要的生产因素，大数据的演进与生产力的提高有着直接的关系。随着互联网的发展，数据也将迎来爆发式增长，快速获取、处理、分析海量和多样化的交易数据、交互数据与传感数据，从而实现信息最大价值化，对大数据的利用将成为企业提高核心竞争力和抢占市场先机的关键。大数据因其巨大的商业价值正在成为推动信息产业变革的新引擎。大数据将使新产品的研发、设计、生产及工艺测试改良等流程发生革命性变化，从而大幅提升企业研制生产效率。对于传统服务业，大数据已成为金融、电子商务等行业背后的金矿。大数据不仅是传统产业升级的助推器，也是孕育新兴产业的催化剂。数据已成为和矿物一样的原始材料，未来大数据将与制造业、文化创意等传统产业深度融合，进而衍生出数据服务、数据化学、数据材料、数据制药、数据探矿等一系列战略性新兴产业。

### （二）获取竞争情报的新平台

大数据环境具有典型的开放性特点，企业利用大数据能够极大限度地突破时间和空间的束缚，为企业的发展创建更高的平台。同时，企业经营环境的随机性与变动性不断增强，企业经营模式也应不断随之进行调整，只有做到与外部大环境的发展同步，才能使企业在竞争中站稳脚跟。

大数据的应用为企业的决策提供了客观的数据支持，企业决策不再单单依托管理者的思想和经验，而是更多地依托于完善的数据体系，从而提高了企业的决策准确性，为企业的发展战略指明了道路，增强了企

业的竞争力，扩大了企业的可持续发展空间。

在大数据时代，企业的关键情报主要来源于以下两个大的方面：一方面，来源于网络渠道。企业可以利用免费或者付费的方法，获取包含了竞争信息、宏观经济、政策机遇、标杆前沿的数据信息。其中竞争信息指的是，可以利用电商网站得到同行竞争对手的产品、售价与营销方式，利用新闻媒体活动、公开的企业专利栏、企业数据库实时了解竞争对手的状态；客户数据是指可以利用电商网站、内在门户获取消费者在网络或是移动客户端反馈的意见与评论；政策的读取是指可以利用国务院所有部委的公告、所有地方政府发布的产业政策信息、地方上的规划准则、所有地方产业园的信息开采机会渠道直接获得更加系统的情报信息。另一方面，来源于自身渠道。企业可以利用内部的信息系统、门户网站或网页、客服系统来分析开采出自身的数据信息。针对自身的核心业务，考虑到数据的安全性，应该运转在企业自己的平台上，使集团与各级公司的运转环境保持一致，尽可能不让各层下级机构在基础设备上进行投入。

（三）实践中的创新尝试

大数据，可以说是史上第一次将各行各业的用户、方案提供商、服务商、运营商，以及整个生态链上游的厂商，融入一个大的环境中，无论是企业级市场还是消费级市场，抑或政府公共服务，都开始使用大数据这一工具。以企业供应为例，通过大数据运营可以实现供应商平台、仓储库存、配送和物流、交易系统、数据分析系统等供应链的全环节整合与优化，实现数据统一管理、全面共享，最终达到供应链管理创新。

零售企业基于大数据的智慧商务平台，可以根据顾客购物行为模型进行订单化采购与销售，合理进行线下线上配送、交易，实现库存管理动态分析预警，同时能保证库存、价格信息的动态实时更新。

## 第三节  大数据对企业管理决策的影响

传统的企业管理模式已经不能适应当今的大数据环境，面对大数据分析应用的突破性发展以及数据信息的海量爆炸，企业家必须改变自身的管理模式。当代企业决策者要想获得商业成功，筑百年基业，就要具备大数据时代的战略思维。许多成功企业的经验证明，正是企业领导层具有大数据时代的战略思维，引领企业开创了新的商业模式、新的价值创造方式，更好地为顾客、为社会创造了价值，才最终推动了企业的迅速发展。因此，升级传统战略思维，构建大数据战略思维，开展体现大数据时代思维特征的战略管理，是企业可持续发展的重要条件。大数据对企业家的管理决策带来的影响体现在以下几个方面。

## 一、决策环境的变化

### （一）产业边界变得越来越不清晰

从本质上讲，对大数据的处理是为了获取知识，进而为管理决策提供可行性方案，而管理科学和数据挖掘方法是知识获取的重要手段。大数据环境下以数据体系的发展为基础，通过数据分析帮助企业进行决策，在决策过程中，不仅需要数据的客观性，也需要人的主观决策，单纯的主观决策无法应对复杂的市场环境，同样，单纯的数据决策也会造成偏离实际。

大数据背景下，企业生态系统和外部环境之间的边界日趋模糊，成为企业生态系统中各成员合作竞争与协同演化的主要方式之一。选择和构建良好的企业生态系统，从外界获取有价值的数据和知识，是企业提高核心竞争力重要途径，具体体现在如下方面：

一方面，产业融合愈发明显，以前认为不相关的行业通过大数据技术有了内在的关联，行业之间潜在的价值关联有了新的表现形式。如传统的零售企业开始进军电子商务，物业管理公司通过对社区视频的数据分析开展个性化的广告业务等。因此，大数据的挖掘和应用既促进了行业间的融合，也创新了企业的盈利模式。融合型的商业模式在大数据时代有五个准则，即以顾客为中心、去除竖井（部门壁垒）、像新公司一样发展、跨学科的思维方式和将品牌看成一种服务。

另一方面，大数据时代企业生态系统变得更加开放，竞争异常激烈，广泛而清晰地对大数据进行挖掘和细分，找到企业在垂直领域的业务和应用，已经成为企业脱颖而出形成竞争优势的重要方式。如社交网络的发展，诞生了一批专注开发导购应用程序的企业，通过收集客户社交数据，挖掘其内在的商品偏好和需求，为相关的电子商务企业提供商品导购服务。大数据也不再被企业生态系统中的大企业所独占，中小企业也可以从大数据中挖掘有价值的信息，成为细分市场的核心资源，为自身的业务提供支持。

因此，在大数据时代，企业生态系统面临的产业环境精彩纷呈，这种产业环境的变化改变了企业对外部资源需求的内容和方式，创新了企业创造价值、传递价值的方式和路径，模糊化了企业生态系统的资源边界、市场边界和契约边界。企业生态系统必将形成以大数据为核心资源的业务融合与市场细分协同演化，重构其内部价值网络和外部关系网络。

就财务战略和管理而言，财务决策信息去边界化日趋明显，财务管理的制度设计已经把财务管理、成本控制、预算体系、业务经营、项目管理等融为一体，并且在大数据的环境下将所有管理内容数据化、模块化。从财务决策与分析的信息类别来看，除了财务会计信息外，更多的是依赖行业发展信息、资本市场与货币市场信息、客户与供应商的信息、企业内部的战略规划、业务经营、成本质量技术研发、人力资本和业务单位的各种信息。在大数据、互联网时代，企业获得决策信息的成本更低、速度更快、针对性更强，企业内部尤其是大型集团企业内部的各级子公司和分公司、各个部门和业务单元因长期独立运作而形成的信息孤岛被打破，实现了财务与业务信息的一体化、企业财务与业务一体化。因此，打破传统财务信息边界是传统财务管理变革的必然方向。

## （二）企业所面临的环境越来越复杂化

大数据对企业管理决策环境的影响主要体现在获取信息、制定决策方案等方面。企业在生产经营和发展过程中，需要并产生大量信息，为了将这些数据信息提供给企业作为其决策的参考依据，需要以信息技术等为基础，对这些信息进行分析、研究，从而提高决策的科学性、合理性。传统商业犹如坐在车里，通过后视镜看后面发生的情况；而大数据分析则像是向前看的望远镜，用户通过望远镜能够看到未来可能会发生的情况，这意味着通过分析结构能够提供给企业更加全面和准确的信息。

大数据打破了企业传统数据的边界，改变了过去商业智能仅仅依靠企业内部业务数据的局面，其背后蕴含的商业价值不可低估。行业领导企业与其他企业有着本质的区别，行业领导企业会积极地将新的数据类型引入到数据分析之中，为商业决策做出更加准确的判断，那些没引入新的分析技术和新的数据类型的企业在未来是不可能成为行业领导者的。这本质上是要求企业能够从思维的角度彻底颠覆过去的观点，大数据在未来企业中的角色绝对不是一个支撑者，而是在企业商业决策和商业价值的决策中扮演着重要的作用。

## 二、新型决策数据

### （一）实时数据

如微博、短信等大量的动态数据流，是一种十分重要的竞争情报源。数据流挖掘是对数据进行单遍现行扫描，快速处理数据，提供实时近似结果的技术。如窗口技术采用分而治之的策略，将流数据按照特定的需求分配到不同的窗口，进入窗口内的数据才会被处理，以减少分析处理的数据量；数据结构技术将数据流进行概括统计的数据结构代表原始数据，而不是保留数据流中的全部数据，从而减少处理的数据量。对如此巨大的数据流，企图存储或者扫描所有的数据都是不实际的，只有采用动态的数据流挖掘分析技术才能有效解决数据的冲击，获得实时近似的结果。数据流挖掘技术能为竞争情报提供实时查询服务和处理，从而促使企业的"触角"保持足够的敏捷性。

### （二）动态数据

时间序列分析是指从大量不同时间重复测得的数据中发现前后数据相似或者有规律的模式、趋势和突变的方法，主要的技术是相似模式发现，包括相似模式聚类和相似模式搜索时间序列，采用的主要挖掘方法有小波变换法和经验模态分解法等。在大数据时代，各种数据不断产生，如交易数据、网站访问日志等，从中必然会呈现出时间上的规律性，企业希望从积累的大量的历史数据中分析出一些规律，以便从中发现商业机会，通过趋势分析，甚至预先发现一些正在新涌现出来的机会，如企业可以通过数据时间序列分析，了解产品销售的旺季和淡季，以制定针对性的营销策略，减少生产和销售的波动性，从而获得利润和竞争优势。

### （三）关联数据

关联数据发现技术是分析数据之间的联系，将孤立、离散的数据点结合产生数据链或者数据图，随后从多个数据源中查出匹配给定关联模式的实例，最后再对匹配的实例进行评估。目前已应用的主要方法有图论的稀有度监测法、图摘法和基于谓词的逻辑归纳推理法等。关联发现技术特别适合于动态的数据发现未知的模式，而大数据中隐含了大量未知、潜在的关系，新模式的发现有利于企业采取"蓝海"战略，抢占先机，从而获得竞争优势。

### （四）社会网络数据

社会网络分析也叫链接挖掘，是通过网络中的关系分析探讨网络的结构及属性特征，其挖掘的重要任务是基于链接的节点排序、基于链接节点的分类、节点聚类、链接预测、子图发现等。在大数据时代，大量相关的数据聚合在一起，相互支撑解释和印证，形成了复杂的数据网络，而数据之间的关系具有非常重要的价值，如从人际关系的网络节点的中心度来分析竞争对手，从而制订相关的竞争策略等。

## 三、大数据时代要求的决策能力

### （一）获取数据的能力

大数据时代的企业战略将从"业务驱动"转向"数据驱动"。智能化决策是企业未来发展的方向。过去很多企业对自身经营发展的分析只停留在数据和信息的简单汇总层面，缺乏对客户、业务、营销、竞争等方面的深入分析。在大数据时代，如果企业希望通过大数据获取大收益，那么其不仅需要专业的 IT 技术支持，也需要管理创新。在大数据时代背景下，不仅知识、技术逐渐成为企业竞争的核心，数据管理也成为企业日常管理工作的重要组成部分；企业不仅要具备获取、分析数据的能力，更需要具备处理数据的能力。大数据的迅速增加对存储空间、存储技术、能源消耗等带来挑战，企业应及时搜集所有的信息，同时又要保证信息存储的充分性、全面性、准确性。这就导致信息存储的规模巨大，而现有的数据库由于其自身存储空间有限无法满足高级别的数据分析。

（二）掌握数据的能力

企业应当深度分析挖掘大数据的价值，推动企业智能决策。以前企业主要关注数据的存储和传输，利用的数据不足其获得数据的 5%，且作为企业战略资源的数据的挖掘程度还远远不够。因此，为推动企业决策机制从业务驱动向数据驱动转变，提高企业竞争力，企业必须更加注重数据的收集、整理、提取与分析。

在大数据时代，传统数据处理方法难以满足企业发展需求，大数据能够为企业提供更为方便、快捷的处理方法，但从这些海量的信息中筛选有价值的信息的过程是十分复杂的。同时，存储、计算、分析 PB 级以上规模的数据是需要非常高的成本的。大数据虽然看起来利用价值很高，但是价值密度却远远低于传统数据库中已经有的那些数据，加之现有的数据分析技术有限，难以有效搜取并获得优质的信息。

（三）数据分析支撑体系的能力

在大数据时代，企业的数据量不仅巨大，而且数据结构种类繁多，不仅有结构化的数据，还有非结构化的数据，其中的非结构化数据所占比重大且持续增加，而且数据之间的关系较为复杂。如何从这些数据中识别和检测错误、缺失的信息，传统的技术和方法已无法快速地完成对所有信息的检测，需要企业配备高端的数据存储设备的同时，开发、设计或引进先进的大数据分析技术和方法，以实现数据的整合、分析等操作，充分挖掘大数据潜在的价值。

## 四、决策参与者的变化

### （一）决策方式的转变

决策参与者在大数据时代仍然是最重要的主体。大数据改变了长期以来依靠经验、理论和思想的管理决策方式，直觉判断让位于精准的数据分析，同时决策参与者的角色发生了变化。大数据可以保证从问题出发而不用担心数据缺失或者数据获取困难，决策重心回到问题本身，而领导者的任务是发现和提出正确的问题。大数据动摇了传统战略论的决策基础，决策主体正从商业精英转向社会公众。因此，多元决策在大数据环境下更加突出，决策者来源更广泛、关系更复杂，全员参与成为大数据时代企业决策的重要特点。

传统决策主要是依靠企业管理者丰富的经验与管理理念做出的决策，有一定风险，一旦外界因素发生变化，极易造成决策失败，给企业带来经济损失。在大数据时代，企业制定决策的方式和方法发生了极大的变化，企业通过对数据信息进行准确的判断，做出科学决策。大数据的应用需要企业管理层的重视和支持，只有这样才能进一步推动大数据的发展。同时，在企业管理层的带动下，加强大数据的质量意识，建立完善的数据质量保证制度。

### （二）决策主体的改变

传统管理决策主要是由企业高层、商界精英等决定，具有权威性和代表性，而在大数据时代，不仅依靠管理经验，更重视市场形势，也就是信息数据。例如，企业在发布一款新产品之前，需要先进行市场调研，获取相关数据，通过对这些数据的分析和研究，为营销决策提供更好的支持。在这一环境下，管理者的经验仅能起到辅助作用。随着大数据时代的进一步发展，社会公众将成为企业决策的重要主体。企业在复杂的数据网络分布环境中，记录或搜集顾客在社会化、移动化的媒体与渠道的流量数据，分析、挖掘顾客从最初的产品感知、品牌参与、产品购买、购买后的口碑和社会互动等生命周期的行为数据，进行交叉融合，从而精准定位消费者的个体行为与偏好，为商业生态系统个性化的商业推广和营销提供牢固的信息支撑和坚强的数据后盾。

### （三）决策岗位的创新

面对大数据带来的不确定性和不可预测性，企业决策和运营模式正在发生颠覆性变革，传统的自上而下、依赖少数精英经验和判断的战略决策日渐式微，一个自下而上、依托数据洞察的社会化决策模式日渐兴起。基于大数据的决策已经超出了运营管理的范畴，其核心是发掘信息化"最后一公里"的商业价值，推进企业与社会的对话，实现物质资本、人力资本和社会资本协同运营。一个新的职位——首席数据官（Chief Data Officer，CDO）已横空出世。IBM（国际商业机器公司）将这一职位称为"数据顾问"，主要职责是帮助企业洞察数据背后的意义，并以此指导决策、削减成本和提高销售额。"数据顾问"既提供包括网络流量和社交网络评论等结构化、非结构化数据的分析服务，也提供监控出货量、供应商和客户的软件与传感器等产品。易安信将这一职位称为"数据科学家"，并倡导企业建立包括数据科学家、数据工程师、数据分析师、商业情报分析师以及事业部用户在内的数据科学家团队。归根到底，CDO视大数据为资产并负责其运营，辅助于社会化决策。

## 五、决策组织方面的变化

随着信息技术、网络技术的发展，以金字塔形为代表的传统组织结构被企业管理网络化、权力分散化和体现人本管理的扁平化组织结构所替代。大数据时代，普通员工也拥有了决策权，扁平化组织结构的趋势将更明显，决策权分配应顺应这种变化。分析大数据环境对企业管理决策组织结构的新要求，基于数据的有效利用和知识的创造、吸收，研究大数据下组织结构建设措施，是企业组织创新的重要内容。

大数据可以帮助管理人员做出更精细、更明智的管理决策。他们在管理过程中，必须抛弃原有的组织结构，打破组织自身的惰性，激发员工不断积极进取，通过变革创新提高组织的竞争能力，从而实现组织目标。只有充分认识到大数据对管理人员提出的挑战，选择适合组织发展的领导风格，才能应对大数据管理面临的风险，进而抓住时代蕴含的机遇，使组织顺利转型并快速成长。

在不断变化的企业内外部环境中，分权状态下的决策尤为重要，分散式的授权决策成为大数据背景下决策的重要形式。如果从决策分配的角度出发，企业的决策没有产生效果应归因于没有适当地进行授权式决策，没有分权给恰当的参与者。

传统的金字塔形的企业结构逐渐被管理网络化、分散化、扁平化的组织结构所代替，这就使企业的一线员工能够积极地参与到企业的决策中，使最后的决策也呈现出扁平化的趋势。对员工的个性化关怀，不仅体现在与员工的交流沟通，还包括对员工个人隐私数据的适当使用和保护。对于数据专业人才一类的知识型员工，外在激励与内在激励同等重要，工作中具有挑战性的难题能激发他们的斗志，调动他们的工作积极性，激励他们主动寻求解决问题的方法。而变革型领导的智力激发特征，就是鼓励数据专家及其他员工，在工作中用独特和创新的观点，解决大数据研究如数据的收集、存储、检索、融合、分析、保护等方面的问题，以及组织在运作与管理等方面出现的难题。在员工工作需要的时候，变革型领导能提供必要和及时的帮助，使员工通过勤奋工作成为有效的问题解决者，在分析问题和解决问题时变得更富有创新精神。

## 六、决策技术方面的变化

数据的处理及分析是企业决策的核心部分，传统的数据分析及处理技术因受限于处理平台与处理技术，不能综合完整、客观全面地对数据进行发掘和利用，使得有利用价值的数据被筛选出去，企业无法做出有效的决策。随着数据分析理论和数据处理平台的不断发展，企业梦寐以求的低成本、可操作、可存储修改的分析工具已出现在企业制定策略的过程中。其中，云计算是处理平台的核心部分，为企业进行数据分析、企业决策提供了强大的支持。

云计算主要解决两个大数据问题:一是将大量异构和本质不同数据源结构化;二是对这些数据进行管理、处理和转换为"商业智能"。大数据背景下企业面临的问题日益复杂,决策的制定者及参与者需要以大数据平台作为载体对决策进行支持,从而构成了以数据云计算为核心的决策支持系统。企业的决策者和员工都可以成为决策的参与者,呈链式分布于企业网络的专家系统、管理信息系统都是决策技术系统的组成部分。因此,企业应基于大数据及时变革决策支持系统,构建符合大数据背景下全员参与决策的方法,以及包容性较强的组织决策体系和系统工作的流程,共享和促进群体决策过程的交互平台,建立适当的沟通机制,及时处理和解决组织由于决策而带来的冲突和信息传递的滞后。构建大数据下的数据资源池、知识资源池、模型资源池、方法资源池;构建基于服务的,集成智能分析、快速决策分析和具备自主决策功能的大数据决策支持系统接口;构建针对不同决策层次的决策服务推送机制,这些都是建立大数据下决策支持系统的要求。

## 七、企业价值标准的变化

### (一)计量属性和货币计量的多元化

财务会计信息的计量属性以历史成本为基本框架,但是,随着财务报告目标向投资者决策有用性的强化,历史成本以外的计量属性被有限地引入财务会计信息生产过程中,其中,公允价值的大量使用已经成为国际会计的一种潮流趋势。公允价值的最大优势在于投资者决策的相关性,其劣势在于公允价值确定的不可靠性和确定标准的非唯一性,而后者又使前者大打折扣,从而限制了公允价值的使用范围,影响了投资者的决策效果。大数据时代数据的信息源、传播渠道和相关者愈发多元化,数据开放程度不断提高,一方面提高了公允价值确定的透明度,另一方面增加了公允价值的相互印证性,从而整体上提高了公允价值的可信性与可靠性。大数据的使用也会对会计的基本假设之一——货币计量产生一定的影响。货币计量的核心思想之一是会计信息系统所反映的事项，主要是能够用货币计量的企业已经发生的经济事项。也就是说会计信息系统的信息计量单位是"元"。在大数据时代，信息系统里的计量单位可能会多元化，如时间、数量等计量单位会增加。

（二）对企业公允价值确定的影响

大数据时代，财务数据作为企业财务决策的核心数据与企业经营管理活动中非财务数据的深度融合，以及通过大数据技术和方法在企业各种财务决策主题中的应用将会为企业带来强大的核心竞争力。在企业的经营管理过程中，公允价值的确定和成本控制往往是企业进行会计核算的基础，也是企业财务决策的关键影响因素，它将直接影响企业财务决策的科学性和合理性。在企业的财务管理活动中，企业的预算管理、投资决策、收入决策、成本费用决策等不可避免地会涉及公允价值的确定。具体来说，交易性金融资产、可供出售金融资产的计量方面也需要客观、准确的公允价值作为保障。公允价值的来源主要有两种，即市价和未来现金流量贴现。其中，未来现金流量贴现更为准确和严谨，具有普遍的适用范围，但是在实际确定时要求有详细的现金流量预测、终值的预计和合理的风险调整后的折现率，而这些数据的确定很大程度上依靠财务人员的主观判断，即使是微小的变化也会在很大程度上影响公允价值的确定，因此，公允价值的确定一直是企业财务决策需要重点关注的影响因素。

基于云会计平台，企业可以从与企业日常经营活动相关的机构和部门获取与公允价值相关的各种数据，然后借助大数据处理技术，确定公允价值。大数据、云会计时代的到来，为公允价值的确定带来了新的技术和方法，帮助企业更加方便和快捷地获取市场信息、了解市场动态，更加准确地确定公允价值。

（三）对企业成本核算的影响

大数据、云会计时代的来临，使得企业能够方便、快捷地获取、筛选与成本相关的各种数据，避免了烦琐的人工筛选数据工作，从而保证了成本核算的及时性。通过对所有的成本等财务指标和非财务指标的数据分析，所有得到的信息均被使用，变成数字化的数据，数据之间交叉相连，被使用者重复利用、分析，信息的使用频率大幅提高，由此得出的结论与决策也有着高度的相关性，甚至直接影响决策的制定。

大数据和云会计技术还有可能应用于企业成本控制系统，通过建立各种数据模型和各种数据之间的关联关系，引入客观分析方法来确定生产费用的构成，对产品的成本进行准确判断后，再将费用按一定的标准分配计入不同种类产品的成本，从而实现企业精准、有效的成本控制。此外，运用大数据技术，还可以从与企业财务有关的海量数据中，提取出与成本核算有关的各种数据信息，这样既能保证成本核算的有效性，又能在很大程度上保证成本核算过程中会计信息的准确性。

大数据时代涉及不同领域之间的数据信息共享与合作的大数据分析，使得企业成本减少，这必然驱使企业间强化共享力度，形成信息开放的格局，信息成本进一步降低，更多不同领域企业间的信息交叉产生的决策价值随之增多，发现成本节约点的可能性更大。未来利用节约成本形成的价值链增值的空间会随着企业间信息资源的共享愈来愈宽。大数据可以让利益相关方更加容易、及时地获取信息，从而可以创造巨大价值。在制造业中，整合来自研发、工程和制造部门的数据，以便实现并行工程，从而缩短产品上市时间并提高质量。大数据有助于研发和设计新模式（众包模式与客户参与设计）；有助于采集、分析供应链数据，缓和供需矛盾，控制预算开支，提升服务质量。

大数据和云计算融合后，云服务为中小企业的会计信息化提供了便利的捷径。使用云会计之后，企业用户可以按使用资源多少或时间长短来解决付费问题，企业不必为机房、数据中心、服务器、网络、软件等基础设施投入巨大的费用，只需缴纳相对低廉的月租费。

投资方式的改变，使企业不用考虑设施成本折旧问题，企业不占用过多的营运费用，也能及时获得最新的硬件平台、稳健的软件系统、最佳的财务管理方案，这大大减少了中小企业的会计信息化直接投资成本。同时，云会计服务实施后，企业从会计信息化建设繁重的工作中脱离出来，可以更加专注于对自身发展有重大作用的战略性活动，这也大大减少了会计信息化投资的时间成本。

在大数据背景下，提供云会计服务的会计信息化系统是通过互联网来实现与客户的互通的，用户只要连接网络，就能定制和获取所需要的服务，无论是从企业的内部还是从企业的外部来看都大大提高了财务管理的效率。从企业内部看，云会计强大的计算能力，可以实时形成各种指标和报表，管理者能够迅速了解经营状况，识别经营风险。企业内部的云会计以内部会计流程为中心，通过信息流协同企业各部门有序合作，进而形成高效率的企业信息一体化流程。尤其对于拥有跨地区或跨国业务的企业来说，位于不同地区的会计人员可以同时在线操作，进行协同工作，这大大提高了中小企业会计信息化的应用效率。从企业外部看，云会计通过互联网实时处理企业与外部有关部门之间的财务和会计业务，加快了交易速度，提高了工作效率。

# 第四节　大数据时代对企业财务管理精准性的影响

## 一、大数据时代下的企业财务精细化管理要求

### （一）增强精细化财务管理理念

目前，市场经济发展迅猛，企业之间的竞争激烈，企业要想获得长远发展就必须提高管理水平，其中财务管理工作占有重要地位。目前，有些企业的管理者没有注重改革财务管理方式，没有建立全面财务管理体系，导致财务管理工作的片面性，影响了企业的经济效益。基于此，企业财务管理工作应该增强精细化财务管理理念。精细化财务管理是一种现代化的财务管理机制，更加适应企业的发展。企业通过建立科学的管理体系，分解业务流程的各个环节，然后再向企业内部推行计划的精确化、决策制作的精确化、成本控制的精确化、员工考核的精确化等，从而最大限度地节省资源，降低管理成本，实现最深层次的企业价值的

挖掘。精细化财务管理要求企业深化对财务工作职能的认识，将财务工作由记账核算型向经营管理型进行转变。

## （二）提高对财务分析的重视程度

企业管理者要帮助和支持财务分析人员熟悉本企业的业务流程，尊重财务分析的结果，组织和协调各部门积极配合财务分析工作，这样才能发挥财务分析在企业经营管理中的重要作用。管理者应当定期或不定期地召开财务分析活动会议，肯定成绩、明确问题、提出建议或措施、落实责任，使财务分析在实际经营管理中发挥应有的作用。此外，财务管理人员要切实做好财务分析工作，不断提高分析质量，为改善经营提高经济效益提供科学依据。

## （三）改进财务分析方法

财务分析应多用定量的分析方法，以减少因为分析人员的主观偏好而发生的财务分析失真的情况。在财务分析中可以较多地运用数据模型，既可以推广运用电子计算机处理财务信息，又可以进一步改进财务分析的方法，增强财务分析的准确性和实用性。还可以按照国家财务制度，联系相关法规政策，考虑不可计量因素进行综合论证，并实际修正定量分析的结果。定量分析与定性分析的结果必须结合起来综合判断，修正误差，使结果更趋于客观实际。对于那些有条件的企业来说，还可以聘请外部人员进行财务分析，以减少分析的主观性。

## （四）完善财务精细化管理机制

首先，建立健全企业财务管理监督机制。财务管理监督机制是促进财务管理工作顺利开展的基础保障，主要针对的是企业资金的预算、拨付、核算等工作。要全面做好监督管理，确保财务信息的真实有效性，确保企业资金得到合理应用，确保整个企业财务管理的有序，建立健全内部控制制度。完善的财务内控制度有利于约束财务管理行为，保障财务管理成效。一方面，财务内控制度需要注重增强财务审计的独立性，通过财务审计确保财务管理的质量；另一方面，还要充分考虑外部市场环境，优化和完善内控制度，提高财务管理水平。其次，建立财务管理考核评价机制。这有利于约束财务人员的行为，通过奖惩措施，增强财务工作人员的工作积极性和主动性。

### （五）充分利用大数据

在大数据时代，数据管理技术水平不断提高。在财务管理的数据管理中，可以充分利用大数据，从数据收集、数据存储、数据分析、数据应用等几个方面有效地进行管理。需要注意的是，要保障财务数据的真实性、准确性，这样才能更好地体现数据的价值。此外，如果数据收集不到位，就会导致财务管理工作捉襟见肘。由此可见，在大数据环境下，企业财务精细化管理的首要工作就是财务数据的收集。因此，要不断拓展数据收集渠道，综合考虑企业发展的各方面财务信息，满足企业财务管理需求。再者，数据快速增长也给数据管理带来更大的压力，需要做好数据存储工作。这就要求企业加强内部硬件设施和软件设施的建设，并且根据企业的发展情况，完善财务数据库，系统地进行数据整合和储存，为企业财务分析提供良好的数据基础；同时，为了应对大数据的发展，企业还要加强财务人员能管理和培训，提高财务管理人员的数据分析能力和数据应用能力，保障对数据进行合理的整合、归纳、分析以及应用。

### （六）提高财务人员的整体素质

随着信息技术的普及推广，会计电算化不断发展，但是会计电算化只是分析的手段和工具，财务分析人员才是财务分析工作的真正主体，财务人员素质的高低直接影响财务管理的质量。因此企业应当选拔一批优秀的财务人员担任这项工作，同时在企业内设立专门的财务分析岗位，培养适应本企业的专业分析人员。在选拔财务分析人员的过程中应同时注重基本分析能力、数据的合理修正能力和综合分析能力，切实提高分析人员的综合素质。再者，为了让决策者不做出错误或者过于追求短期效益的结论，要求财务分析人员应不断提高自身的专业技能水平和职业道德素质，加强对财务报表分析人员的培训及职业道德素质建设。

### （七）企业财务管理信息化

在企业财务管理中引进先进信息技术，可以确保企业财务管理工作的有效性和准确性。目前，我国企业已经采用和推广信息化管理技术并取得了一定的成效。和传统的财务工作相比，企业财务管理信息化具有很多优点：可以利用信息技术对基础数据进行收集、整理和分析，提高财务数据的准确性；有利于避免企业管理人员对财务工作的干涉，确保财务管理的公正性、真实性和准确性；通过利用信息技术，财务工作的效率大大地提高，节省了人力和物力。

## 二、大数据时代下如何提高企业财务管理精准性

### （一）企业财务管理应加强贯彻会计制度，夯实会计基础

结合企业财务管理的特点和现实需要，在企业财务管理过程中，加强贯彻会计制度并夯实会计基础，对企业财务管理而言意义重大。从当前企业财务管理工作来看，鉴于财务管理的专业性，在财务管理工作中，应对财务管理的相关法律法规给予足够的重视，并在实际管理过程中加强贯彻和落实，保证会计管理取得积极效果。

除了要做好上述工作之外，企业财务管理还要对会计基础给予足够的重视。应在实际工作中强化会计管理的基础性，通过建立健全会计管理机制，优化会计管理流程，使会计管理质量和准确性得到全面提升，有效满足企业财务管理的实际需要，达到提高企业财务管理质量的目的。为此，贯彻会计制度，夯实会计基础，是提高会计管理质量的具体措施。

### （二）企业财务管理应强化企业内部协调机制，加强财务管理与业务工作的融合

现代市场竞争环境和财务工作在企业管理中的地位，决定了财务工作必须采取与时俱进的基本态度，财务管理应结合企业组织结构、产品特点、业务流程、管理模式等具体情况，将真正适合企业的管理新方法、新工具运用到实际工作当中去，使企业财务管理工作能够在管理理念、管理流程和管理方法上满足实际需要，达到提高企业财务管理水平的目的。

基于这一认识，企业财务管理工作应积极建立内部协调机制，使企业财务管理工作与其他业务工作能够得到全面有效开展，充分满足企业

财务管理的需求,实现对企业财务管理工作的有效监督,确保企业财务管理在手段、内容和管理流程上处于严格的监管之下,保证企业财务管理的准确性,使企业财务管理工作能够在整体水平上满足实际需要。

因此,企业财务管理工作并不是单一的工作内容,要想提高企业财务管理工作的整体质量,就要将财务管理工作与其他业务工作相结合,实现企业财务管理工作与其他业务工作的融合,使企业财务管理工作能够成为其他业务工作的促进因素,保证企业财务管理工作取得实效。

### (三) 企业财务管理应将资金管理作为主要内容,满足企业资金需求

在企业财务管理中,资金管理是主要内容,只有做好资金管理,才能增强企业财务管理的实效性。基于这一认识,企业财务管理应从实际出发,制定具体的资金管理策略,提高企业资金管理质量,满足企业资金需求,达到提高资金管理效果的目的。

首先,企业要加强管理,提高自身信誉度,注重内部资金节流,加强存货和应收账款的管理,减少产品在企业内部停留的时间,使企业内部资金管理实效性更强,对企业经营管理的支撑效果更好。

其次,企业要建立自身的诚信形象,主动与金融机构互通信息,建立良好的银企关系,通过交流体现出自身的诚意与实力,如此才会成功获得银行融资。这一工作已经成为企业财务管理的重要内容,对企业的经营管理产生了重要影响,是企业提高整体效益的关键。

最后,企业应强化资金使用效率,提高资金管理质量,确保资金管理工作得到全面有效的开展,使企业的资金管理工作取得实效。

## 第五节  大数据时代对企业财务管理人员角色的影响

### 一、大数据时代对财务管理人员角色的影响分析

大数据时代,随着信息网络和企业一体化管理软件的普及,财务管理人员从账簿的束缚中解放出来,更多地参与企业的管理和辅助决策工

作，这样的角色变化，更加凸显财务管理人员的"管理"职能。

## （一）大数据时代为财务管理人员"管理"职能的发挥提供了条件

财务管理主要包括核算、反映和监督三大职能，财务管理人员收集数据、陈列信息，并对企业的宏观管理施加影响，都是以信息为基础，分别对应不同的信息处理层次。财务管理人员应当扮演起"管理者"的角色，但由于各方面的原因，财务管理人员的"管理者"角色一直没有得到承认，其"管理性"被忽略。大数据使得财务管理人员为企业提供多样化的决策信息，并为日常的企业经营活动提供管理，使财务管理人员的"管理者"角色日渐突出。在大数据时代各种管理工具的支持下，财务管理人员将进一步发挥基于信息的管理职能，财务管理人员将从"核算者"变成"信息人"，并进一步走向"管理者"的角色。

## （二）数据生产方式的转变

数据生产方式的转变是财务管理人员角色转变的动因，随着大数据浪潮在全球范围内蔓延，信息的"生产"工作变得简单便捷，财务管理人员脱离数据信息，"直接生产者"的角色势在必行。大数据时代的企业财务数据随时都处于动态当中，是动态实时的数据，"大数据"的真正价值在于收集、处理庞大而复杂的数据信息并从中获得新的知识。此时的财务管理人员应该从收集和处理财务信息的工作中分离出来，交给专门的信息中心去解决，财务管理人员更重要的工作是对财务信息进行综合和判断，对企业的运营提出预测、给出建议、帮助决策及监测企业战略的实施，扮演好"顾问""预测者""风险监测和管理者"等角色，成为专业技能、多面管理的企业运行管理者。

# 二、大数据时代财务管理人员角色转变的趋势

大数据时代，各种信息网络技术、企业一体化智能化管理工具的应用，使得财务管理人员由原来的直接财务信息生产者，变为利用财务信息的管理者。在这种实质性的改变中，财务人员尤其是高级财务管理人员群体，将不由自主地利用企业的相关财务信息为企业的管理服务。

## （一）企业发展的预测者

在财务管理信息化的过程中，财务部门朝着灵活性和快速响应的目标发展是一个渐进的过程。财务管理人员从静态的报表和财务信息数据管理者，转移到为决策者提供动态业务信息的预测者角色，是财务工作在大数据时代发展的必然趋势。财务部门掌握着企业最全面的原始业务数据，并在企业数据处理工具的辅助下，掌握了获取各方面信息的最有效途径，是企业的"触觉"。对于现代企业而言，大数据为企业提供了面向未来的途径，企业更多关注点从"现在"转移到"未来"。财务管理人员完全可以利用专业和信息方面的优势，通过系统的优化和技能的提升，对企业运行的方方面面做到实时响应。具备更多经验和管理职能的高级财务管理人员可以利用财务部门掌握的各项数据，对未来的发展趋势和各种可能的风险、市场等做出预测，并对企业的决策和发展提出建议。只有财务管理人员群体在预测性工作方面做出更多的努力，企业才能做出更为长远的规划，避免短视行为。另外，预测工作的有效实施，是企业制订应对未来可能发生的突发或重大事件的解决方案重要保障。当然，财务管理人员要成为企业发展的预测者，离不开有效全面的数据信息和对多种数据信息工具的应用。

## （二）企业顾问和其他部门的合作者

大数据时代，核算职能在整个财务工作中的重要性减弱，财务管理人员更侧重于反映和监督职能，并强调其"管理"功能。"反映"职能由原来强调财务信息的客观、透明性，逐渐转变为强调在客观性的基础上，借助信息工具，为企业的管理和决策提供更多符合多样化的需求。财务工作不再过多地强调财务人员现实做账的能力，更深层次地讲，财务管理人员其实正在逐渐成为企业的顾问，随时对企业的经营状况做出评价和总结，并结合其他预测性辅助工具，为企业的经营提供建议。从这个角度来讲，财务管理人员应该充分利用信息工具，扮演好"顾问"的角色。无论财务管理人员作为"顾问"为企业提供哪些方面的经营评价和建议，财务管理人员的定量职能都是不能取代和取消的，所有这些充分发挥财务管理人员能动性反映作用的角色，都需要以客观、全面的数据作为基础。尽管如此，大数据时代财务管理人员扮演好"顾问"角色，为企业提供更多的评价和建议，将成为财务管理人员走向管理和辅助决策职能的必经之路，也是现代企业发展的必然要求。

## （三）企业风险的预警者

在全球化浪潮中，所有企业都难以避免地融入更加复杂多变的世界市场，这也使得企业自身面临许多更加不确定的问题。财务管理人员掌握了财务及各个业务方面的信息，对企业的运行和决策产生极为重要的影响，在全球大数据形势下，理应扮演起风险管理者的角色。世界市场充满风险，企业需要完备的风险管理计划，并促进整个企业内部的信息集成。只有建立高度整合、标准化的财务管理组织，企业才能更容易地察觉所面临的风险。可以看出，"风险管理"是财务管理人员扮演"预测者"角色的一个延伸，要想成为优秀的"风险管理者"，财务管理人员需要通过采用某些智能化信息工具做到实时监控，如设定特定风险阈值，通过热图、仪表盘、记分卡反映风险情况，通过预测性分析和建模检测风险情况等。

## （四）信息系统的维护者和个性化信息工具的开发者

大数据时代，财务工作一个最明显的变化莫过于计算机和各种信息工具的广泛应用，财务管理人员以上各项职能的转变都离不开各种自动化、智能化信息工具的支持。长期以来，财务部门所使用的财务管理软件都是由专业的企业管理软件公司开发，并作为商品卖给需要的公司，当然，也有的企业采取自主开发或者委托开发的方式。在这些方式下，财务管理软件的维护多由这些软件公司或者开发人员来实现，这种维护方式曾经较好地适应了企业的需求，但在企业未来的信息化道路上，信息软件工具的概念呈现一种"淡化"的趋势：一方面，更多的员工更深层次地接受并熟练使用这些信息工具，并伴随这些工具在企业中更为普遍的使用；另一方面，企业对信息工具的需求呈现多样性，并非一套或几套解决方案就能够满足企业的所有需要，于是，财务管理人员在解决问题的过程中，不断地发现针对新问题的局部化信息工具的需求，这种需求处处存在，并需要开发者更具针对性、创新性。这就促使财务管理人员应该成为信息化软件的管理和维护者，并在一定程度上具备开发实用性、个性化信息工具的能力。原来的较大规模和专业性较强的管理系统可以继续交给专业公司或团队去开发，但应该由经过适当培训的财务管理人员来进行维护；对于应用范围相对较小、针对性很强、开发难度相对较小的软件，财务管理人员应该成为首要的开发和维护者。这种模式不仅可以减少企业的运行成本，也可以为企业的财务工作提供更为便捷的信息工具，使财务管理人员在工作中能够更加独立地完成其他管理角色。

## 三、大数据时代企业财务管理人员角色转变策略

### （一）改变财务管理人员观念，提高其综合素质

财务管理人员实现以上角色的顺利转变，离不开自身观念的改变和综合素质的提高。首先，观念的转变。财务管理人员掌握着企业发展的关键信息，因而需要更加主动地参与到企业的决策中来。大数据时代财务管理控制已从事后走向事中乃至事前，相应的，财务管理人员的观念也有必要从"被要求"转变为"主动"，为决策提供便利。其次，应该全面提高自身素质。具体包括 IT 技能的提高和事务惯例处理能力的提高两大方面。大数据时代，财务管理人员要想更好地使用信息工具做好预测、辅助决策等工作，扮演好顾问、预测者等角色，必须具备一定的 IT 技能。只有这样，才能正确使用和维护财务管理信息系统，提升系统以及企业信息的安全性，保障企业的利益。大数据时代，更多变复杂的外部环境迫切要求财务管理人员更加敏捷、全面地对企业运行状况做出分析，并使用创新、安全、高效的手段将这个辅助决策过程变成程序化、自动化的过程。

### （二）为财务管理人员建立统一的信息平台

财务管理人员应该适应信息生产集中化、自动化的趋势，整合财务管理部门的资源，实现"信息生产"功能的独立。在未来的财务管理工作中，部分财务管理人员将自己的注意力更多地放在解决一些更加前瞻、更加灵活多变的非结构化问题上，比如投资分析、年度规划、决策

支持、风险管理等，以便于在财务管理工作中充分利用和发挥数据和信息技术的作用，实现财务管理和信息数据的更好结合，进行数据分析。

信息中心的独立和统一信息平台的建立，对企业的信息管理有重要意义：统一信息中心的建立，可以让有用的信息通过一个覆盖整个企业的信息平台和网络在企业内部自由流动，实现管理的高效；同时，还可以降低信息的收集和处理成本，在财务管理部门的领导下，信息部门的信息获取和加工更加围绕企业的战略和需要开展。统一信息平台的建立及财务管理信息获取的集中化，不仅可以利用信息资源和信息工具提高企业经营效率，也使整个企业连成一体，信息自由流动，各业务部门全部活动都以提升企业价值为核心，实现"1＋1＞2"，达到以大数据促进企业价值提升的作用。

### （三）改善组织结构和优化工作流程

财务管理人员角色实现转变的道路上，统一的信息平台、信息数据的自由流动、财务管理人员承担多重复合角色并主动发挥更大作用，其实都需要以企业组织、结构工作流程的改善为前提。组织结构方面，扁平化、柔韧化和灵活性是现代企业组织结构发展的要求，企业需要兼具灵活性、安全性与创新性于一体的组织形式。为了便于财务管理人员更好地发挥其顾问、预测者、价值链整合与管理者等新的角色，企业需要在整个企业范围内，建立扁平化的组织结构，并采用多维制和超事业部制的结构，以实现在沟通上更顺畅、管理上更直接、合作上更灵活、运行上更高效。另外，针对一些特殊的情形，还可采用虚拟化的结构，把不同地点乃至不属于本企业的人才资源联系到一起，实现跨越时空的合作联盟。企业需要进一步规范和优化工作流程，并将其制度化，确保企业的各项流程无缝衔接，并确保各流程都在企业信息系统和风险管理系统的可控范围内，如此才能实现信息中心所获得的各项信息的全面性和完整性，便于企业风险控制措施的更好实施。

### （四）加强企业内部控制，明确财务管理人员权责

大数据时代，由于信息的收集、处理工作更加自动化、流程化，非

结构化问题在财务管理人员工作中占据更大的比例。在解决这些问题的时候，需要财务管理人员更好地发挥主观能动性，财务管理人员也因此拥有更多的自主权。然而自主权放宽的一个重要问题就是可能导致财务管理人员不适当地使用权限，对企业的利益造成损害。因此，加强内部控制，保障系统和信息安全性，杜绝财务管理人员滥用职权的行为，也是财务管理人员角色得以顺利转变的重要前提。针对财务管理人员权限规范问题，企业应至少做到以下几点：一是对每一个职位进行完整的职位说明，将职位说明书交由在岗人员学习，并在日常的工作中，结合工作实际不断地将其补充、完善；二是完善各项工作的工作流程，将所有的步骤都纳入内部控制体系的范围；三是建立完善的内部控制体系，将各项措施以制度的方式规范化、确定化，为各项措施的实施提供切实的依据。在实施方面，着重从内部控制的三个环节入手：首先，事前防范。要建立内控规章，合理设置部门并明确职责和权限，考虑职务的不兼容和相互分离的制衡要求，还应建立严格的审批手续、授权批准制度，减少权力滥用和交易成本。其次，事中控制。如财务管理部门应采取账实盘点控制、库存限额控制、实物隔离控制等。最后，事后监督，如内部审计监督部门应该按照相应监督程序及时发现内部控制的漏洞。

# 第九章　大数据时代
# 企业财务管理创新路径

## 第一节　财务管理战略与模式创新

### 一、柔性管理

从本质上来说，柔性管理是一种对"稳定和变化"同时进行管理的新战略，它以思维方式从线性到非线性的转变为前提，强调管理跳跃和变化、速度和反应、灵敏与弹性，它注重平等和尊重、创造和直觉、主动和企业精神、远见和价值控制，它依据信息共享、虚拟整合、竞争性合作、差异性互补等实现知识由隐到显的转换，为企业创造与获取竞争优势。

财务应当实现怎样的柔性管理呢？以下从多个方面来对柔性财务管理进行分析。

#### （一）柔性的财务组织架构

传统的财务组织通常是层次化的树状组织形式。通常在最顶层设有集团财务总监，下设几个专业部门，部门下再设相关科室，到了下属的业务单元或者子公司，又有业务单元或者子公司的总部财务，同样对口集团再设置相应的专业部门，再往下，到了分支机构，有机构大小、设置数量不等的财务相关部门，但具体岗位也是向上匹配的。这种组织配置方式就带有典型的"刚性"。

采用这种组织形式的好处是能够在一条线上快速地完成指令的下达，并在某个专业领域产生高效的上下协同。但采用这种模式最大的弊端是横向协作困难，并对变革和创新产生比较大的组织阻力。形象地看，这种模式也被称为"烟囱式"的财务组织架构。此外，还存在另一种刚性。尽管我们说横向协同有问题，但在任何一个层级又有其统一的负责人（CFO 或者财务经理），这些横向负责人又会造成跨层级之间的协同出现问题，使得原本垂直的刚性管理又遇到横向的钢板。财务负责人对其横向业务领导紧密的汇报关系更加剧了这种横向钢板带来的阻力。

因此，在组织体系中建立柔性，打破横纵钢板交织的牢笼，将带来更大的管理价值。那么如何打造柔性组织呢？可以针对以下方面展开探讨。

### 1. 尝试扁平化的组织形态

对于财务来说，往往在一个法人主体上会产生多个管理层级，如链条"CFO—财务各部门总经理—部门副总经理—办公室经理—员工"已经产生了五个管理层级。适度的扁平化可以考虑简化一些层级，从而提升组织的运转效率。每多一个管理层级，就会多一层纵向之间的钢板夹层。从提升效率的角度出发，这种去钢板的变革应当自下而上地进行，应当适度增加中高层的管理跨度。

### 2. 创建柔性的财务组织文化

在财务组织的文化建设方面可以考虑引入柔性管理的思想，从而加强团队文化的包容性和灵活性。组织文化大致可以分为团队文化、偶发文化、市场文化和层级文化。

（1）团队文化

这种文化类型下的组织类似于一个家庭，团队文化鼓励家庭成员之间相互合作，通过共识和相互传递正向能量，带动组织凝聚力的提升，从而发挥出更好的组织效用。对财务来说，这种文化往往可以在一些关键时刻去建立，如在年报期间、财务系统建设期间都很容易构建起这样的团队文化。

（2）偶发文化

这是一种注重灵活性的冒险文化，强调的是创造力的构建，以及对外部环境变化的快速响应。它鼓励员工尝试使用新方法甚至冒险去完成工作。这种文化在部分财务领域并不适合，如会计核算、报告、税务、资金结算等，这些追求安全性的领域并不能让冒险文化成为主导。但是，在一些需要突破创新的领域，如创新型财务流程和系统的建立、融资等领域还是需要具备一定的创新能力的。因此，偶发文化可以作为财务组织文化的补充。

（3）市场文化

这是一种鼓励内部竞争的文化，它对效益的关注超出了对员工满意度的重视，这种文化形态更像一种商业行为。对于财务领域来说，财务共享服务中心最容易形成这样的文化氛围。适度的市场文化在标准化的财务作业领域能够有效地提高员工的工作效率，但是不宜过度，否则将在财务共享运营层面造成过于刚性的影响。反而，在非财务共享领域，更需要加强对市场文化的引入，以驱动财务管理人员爆发出更强的战斗力。

从以上分析可以看到，未来柔性的财务组织文化应当在层级文化的基础上更多地引入团队文化和市场文化，并将偶发文化作为必要的补充，形成丰富、立体的柔性财务组织文化体系。

（二）柔性的财务战略管控

柔性管理在财务领域的另一个应用是财务的战略管控。谈到战略管控，不少公司的做法是通过协商后制订战略目标，但一旦制订后就很少进行动态调整，造成了战略管控的刚性。在预算管理上也存在类似的问题，预算缺乏灵活的调整，难以适应市场环境的变化，带来资源配置的刚性。因此，柔性的财务战略管控可以从绩效目标管理和全面预算管理两个视角来提升其管理柔性。

1. 绩效目标管理

在传统的目标管理中，财务部门主要根据公司战略进行目标设定、下达及跟踪考核。在这个过程中，目标需经过管理层、业务单位以及财务的沟通协商后进行制定，但往往季度、半年甚至全年都不进行调整，同时目标的制订往往只关注于自身进步，以财务目标为中心，可以将这种模式简单地归纳为仅仅和自己比。这是一种带有刚性色彩的目标管理。

在柔性管理思想下，对目标的制订和考核应当更多地关注其他的维度，除了和自己比以外，还需要考虑和市场比以及和竞争对手比。通常，要设置具有挑战性的目标，可以考虑要求业务部门的绩效超出市场的平均水平，并且超出主要竞争对手的水平。当然，这是针对在行业中本身位于第一梯队的公司来说的，不同梯队的财务可以设定差异化的目标，但核心在于视角的打开和柔性化。另外，目标设定后不能一成不变，应当在全年中不断调整，不仅仅是固定时间节点的调整，市场中重大事件的发生、竞争格局或竞争环境的突然改变等都应当触发目标的即时调整。在目标管理上，应当兼顾财务目标与非财务目标，并具有更为主动的战略敏感性。

### 2. 全面预算管理

传统的全面预算管理往往以年度为周期，基于年度循环来进行资源配置。部分公司将年度预算简单地除以 12 分配到每个月中。在资源配置的过程中，往往也并不适用于全面的预算编制动因，使得预算编制结果与业务实际缺乏关联性。在预算编制完成后，又较少展开预算调整，使得预算和实际情况的偏离越来越严重。

在柔性管理模式下，资源配置应当具备更加细化的时间颗粒和维度颗粒，充分考虑到不同时间周期内业务经营的实际特点，进行差异化资源配置，同时结合更多的业务实际，向作业预算的方向进行深化和努力。当然，柔性资源配置的背后还有成本和效率的约束。在当前相对刚性的资源配置模式下，很多公司的预算要到 3、4 月才能完成，并且在编制过程中沟通成本高昂。向柔性管理的进一步迈进可能增加更多的成本。

### （三）柔性的财务共享运营

传统的财务共享服务运营模式是典型的以制度为中介，对人的行为和组织的目标进行约束匹配的模式。这种运营模式更多的是一种刚性思维。对于刚性运营来说，需要有稳定、统一以及可以预测的业务需求。

同时，在业务加工过程中，以规模经济为基础，进行同类业务的大批量作业，强调统一性和标准化，在作业完成后要进行质量测试。财务共享服务中心的员工仅需完成单一作业，在管理中要求尽量减少工作差异，没有或者很少进行在职培训。

可以看到，刚性运营能够享受规模效应、效率提升带来的成本优势。但在实践中，越来越多的企业管理者对财务共享服务中心的要求在不断提高，他们希望财务共享服务中心能够有更多的灵活性，能够应对更为多样和复杂的业务场景。这本身也是财务共享服务中心的管理者所不断追求的。

对柔性运营思维的应用，能够很好地应对日益提高的管理要求。在柔性运营模式下，需求可以具有不确定性、多样性和不可预测性。在运营过程中，柔性运营以范围经济为基础，进行大批量多样化生产，解决差异性和柔性的自动化处理。质量控制方式将从事后测试向前期过程中的质量环境建设和质量控制转变。对员工来说，需要从原来的"一专一能"转变为"一专多能"，当业务需求发生变化时，能够灵活地进行资源调配。

财务共享服务中心的刚性是与生俱来的，也是不可或缺的，这是其安身立命之本。但财务共享服务中心的管理者必须意识到未来的趋势是刚柔并济，柔性运营的思维和能力已经到了启动建设的时候。直观地说，刚性思维是一套直线式的生产线，而柔性思维模式则允许我们在这条直线上将差异性分流处理，同时允许员工在生产线上进行多流程环节处理，通过组织的柔性、技术的柔性、流程的柔性带来财务运营的多种可能。

对于财务管理来说，还有非常重要的一点就是需要将财务信息系统的刚性束缚打破，构建柔性的财务信息系统。

由于信息化发展历程过于迅速，对于很多公司来说，在还没有看明白的时候，技术已经更新，管理又出现了新的要求，财务信息化的建设都是在不断打补丁的过程中完成的。这样的系统建设路径使得多数公司的财务信息系统缺少规划，也根本谈不上柔性。对于这些公司来说，当业务需求发生改变时，现有的信息系统调整困难，甚至存在大量复杂的后台业务逻辑无人清楚，使得新需求可能带来的影响无人能够清晰评估，并最终导致系统无法改动。

因此，在这种情况下，财务信息系统的刚性是具有极大的危害性的。要改变这种局面，事实上并不容易，需要从以下几个方面共同努力。

首先，改变信息系统建设的观念和节奏，把打补丁的建设方式改变为先做规划和架构设计，再开工建设。有些公司在系统建设的前期舍不得投入资金展开规划设计，导致高昂的后期返工和维护成本。在柔性管理思路下，建议在系统建设前期充分调研需求，多看市场成熟产品，必要时引入专业人士或者咨询公司来进行架构和需求设计，打好地基的投入看起来是刚性，但最终是给未来带来更多的柔性。

其次，在财务信息系统的架构设计中应当充分考虑产品化的思路。有的公司认为业务没那么复杂，没必要搞所谓的产品化、可配置化，IT人员只要用代码把规则写出来，流程跑通就可以了。但实际情况是，这些公司从一开始就给自己戴上了沉重的刚性枷锁。有不少公司实际上都是在自己也没有想到的情况下快速发展膨胀起来的，这个时候除了推倒重来真的很难找到更好的方法。当然，对于一些初创型公司，如果自身没有充足的资金进行复杂的系统开发和建设，不妨考虑选择第三方产品，甚至是云计算产品，在低成本模式下保留自身的柔性。

对于那些已经带上刚性枷锁的公司来说，这条路已经走得很远了，要想改变并不容易。找到合适的时机，对系统进行一次全面的再造是由刚入柔的可能方式。这种契机往往出现在公司经营业绩很好、能够投入充足预算的时期，如果结合技术的大发展、大进步，则更容易实现柔性管理。

在大数据时代，适度加强企业的柔性管理能力有益于企业的健康。最佳的境界是做到刚柔并济，发挥刚与柔的和谐之美。

## 二、大数据时代商业模式创新

大数据时代，在企业的价值链不断延伸的同时，企业应向更符合客户需求的方向发展，企业的盈利一定要依靠为客户提供更多的价值而实现。大数据时代不仅为企业财务战略的执行奠定了客观基础，还促使企业进行商业模式创新，让客户更愿意参与到企业的改变和创新中来，在不断创新中与客户携手享受大数据带来的便利，让企业得到更多的利益，让客户享受到更多的实惠，实现企业的良性循环，让客户的需求得到最大程度的满足。

企业如何利用大数据的优势对商业模式进行创新以获取持久的盈利能力，已成为落实企业既定财务战略的最关键问题之一。

### （一）大数据给商业模式创新带来的机遇

大数据时代，企业商业模式变革将围绕大数据的获取、存储、分析、使用等过程展开。如何有效开发利用以海量、高速和多样性为特征的大数据，成为企业商业模式变革的关键。在商业模式中利用数据的方式有三种：一是将数据作为一种竞争优势；二是利用数据改进现有的产品和服务；三是将数据作为产品本身。当大数据被正确使用时，企业可对诸多活动产生新的洞察力，发现运营活动中的障碍以促使供应链合理化，并通过更好地理解客户来开发新的产品、服务和商业模式。在整个行业中，率先使用大数据的企业将会创造新的运营效率、新的收入流、差异化的竞争优势和全新的商业模式。商业模式中涉及企业在市场中与客户、供应商及其他商业合作伙伴之间的商业合作关系，并由此给企业带来盈利机会和盈利空间。随着经济全球化、一体化、信息化、市场化和生态化不断加深，企业传统的商业模式面临着巨大的挑战，企业对商业模式的创新势在必行。

只有在市场中为具有不同需求特点的客户提供满足其个性需求的产品和服务，才能够给企业创造更大价值。商业模式创新意味着改变要素内涵及要素间的关系。基于大数据背景，从价值主张、企业界面、客户界面和盈利模式四个方面变革商业模式。结合大数据情境，关键资源和关键活动这两个关键要素具有六大特征，即免费可得数据、客户提供数据、追溯/生成数据、数据聚集、数据分析、数据生成。大数据是一项重大的管理变革，不仅催生了许多基于大数据的新创企业的出现，也动摇了现有企业的价值创造逻辑。

在大数据时代，由于企业生产方式的变化，企业获取利润的条件和空间都随之发生了变化，企业可以近似精确地了解市场主体的消费需求和习惯，能够预测客户的需求及其变化，甚至做到比客户更了解他们的需求，这将促进企业在提供标准化服务的能力和条件基础上创造个性化的新附加值，这是大数据时代企业利润最重要的源泉。

## （二）大数据时代商业模式创新的特点

大数据时代商业模式的创新有以下两个特点：

一是大数据基础之上的商业模式创新更注重从客户的角度出发看问题，视角更为宽泛，具有着重考虑为客户创造相应价值的特点。同时，商业模式创新即使涉及技术，也多与技术的经济方面因素、技术所蕴含的经济价值及经济可行性有关，而不是纯粹的技术特点。

二是大数据基础上的商业模式创新更为系统，不受单一因素的影响。它的改变通常是大量数据分析的结果，需要企业做出大的调整，它是一种集成创新，包含公益、产品及组织等多方面的改变和创新，如果是某一方面的创新，则不构成模式创新而是单一方面的技术或其他创新。

## （三）大数据时代的商业模式创新机制

战略决策是战略管理中极为重要的环节，它决定着企业的经营成败，关系到企业的生存和发展。在动态、不确定的环境下快速制定正确的战略决策，确保企业获取竞争优势，仅凭决策者的学识、经验、直觉、判断力、个人偏好等主观行为是远远不够的，还要依赖大量来自企业外部的数据资源。数据是所有管理决策的基础，基于数据的决策分析能实现对客户的深入了解和企业竞争力的提升。因此，大数据环境下的企业战略决策不仅是一门技术，更是一种全新的商业模式。

在管理实践中利用大数据对商业模式进行分析的过程，就是利用大数据对现有的繁杂信息进行二次处理的过程。产品（价值主张）、目标客户、供应链（伙伴关系）以及成本与收益模式是商业模式的核心构成要素。针对商业模式中的市场提供、企业、客户和盈利模式四个界面，其创新框架机理是从价值和战略两个维度思量的。在价值维度，商业模式的创新就是企业对自身所处的价值系统的不同环节的直接调整或者整合。大数据能够对价值发现、价值实现、价值创造三个阶段产生直接的影响，从而引发商业模式创新。

商业模式是战略的具体反映，战略是商业模式的组成部分，商业模式和企业战略形成互补关系。企业战略是商业模式的具体实施，其阐释了商业模式应用市场的方式，以此区别竞争对手。利用大数据技术，可以对现有数据进行重组和整合；根据大数据的实际运用价值，可以对企业的战略及其价值系统进行改造调整。

# 第二节　财务管理技术与方法创新

大数据时代为企业带来了信息大变革，企业拥有海量的交易数据、运营数据、财务管理数据以及供应商数据等，在这些数据中隐含着难以计算的信息资源。因此，大数据时代利用大数据分析对企业发展起到越来越重要的作用，同时对企业财务管理技术与方法的创新也有一定的引导作用。在当前激烈的市场竞争下，企业的财务数据成为企业竞争所掌控的重要资源，大数据时代的变革，为财务管理技术和方法的创新提供了必要的平台。通过大数据时代的财务管理技术与方法的创新，可以时时追踪企业的最新状态，为客户量身定做针对性强的个性化方案，实时接收客户对企业的评价，并及时针对企业的问题进行优化改良，使企业在健康的内外部环境下，灵活调配财务资源，使企业在市场竞争中创造更多的机遇，带来更大的商业价值。

## 一、大数据时代筹资方式集群创新

大数据时代的筹资，其数量和质量成为企业首先要关注的两个基本因素，也是最重要的方面。企业在保证资金量充足的同时，要保证资金来源的稳定和持续，同时尽可能地降低资金筹集的成本。这一环节因降低筹资成本和控制筹资风险成为主要任务。根据总的企业发展战略，合理拓展筹资渠道、提供最佳的资金进行资源配置、综合计算筹资方式的最佳搭配组合是这一战略的终极目标。

大数据时代使得企业的筹资与业务经营全面整合，业务经营本身就隐含着财务筹资。大数据与金融行业的结合产生了互联网金融这一产业，从中小企业角度而言，其匹配资金供需效率要远远高于传统金融机构。

集群供应网络是指各种资源供应链为满足相应主体运行而形成的相互交错、错综复杂的集群网络结构。随着供应链内部技术扩散和运营模式被复制，各条供应链相对独立的局面被打破，供应链为吸收资金、技术、信息以确保市场地位，将在特定产业领域、地理上与相互联系的行为主体（主要是金融机构、政府、研究机构、中介机构等）建立的一种稳定、正式或非正式的协作关系。集群供应网络筹资就是基于集群供应网络关系、多主体建立集团或联盟、合力解决筹资难问题的一种筹资创新模式，其主要方式有集合债券、集群担保筹资、团体贷款和股权联结等，这些方式的资金主要来源于企业外部。大数据可以有效地为风险评估、风险监控等提供信息支持，同时通过海量的物流、商流、信息流、资金流数据挖掘分析，人们能够成功找到大量筹资互补匹配单位，通过供应链金融、担保、互保等方式重新进行信用分配，并产生信用增级，从而降低筹资风险。

从本质上讲，大数据与集群筹资为筹资企业提供了信用附加，该过程是将集群内非正式（无合约约束）或正式（有合约约束）资本转化为商业信用，然后进一步转化成银行信用甚至国家信用的过程。大数据中蕴含的海量软信息颠覆了金融行业赖以生存的信息不对称格局，传统金融发展格局很可能被颠覆。

传统一对一的筹资受企业内部资本的约束，企业虽然有着大量外部协同资本，但由于外部人的信息不对称关系，这部分资本因无法被识别而被忽略，导致了如科技型中小企业的筹资难等问题。通过大数据的"在线"及"动态监测"，企业处于集群供应网络中的大量协同环境资本将可识别，可以有效地监测并转化成企业金融资本。全球网等金融创新正在基于一种集群协同环境的大数据金融资本挖掘与识别的过程，这实际上是构建了一种全新的集群筹资创新格局。集群式企业关系是企业资本高效运作的体现，大数据发展下的集群筹资创新让群内企业有了更丰富的金融资源保障，并继续激发产业集群强大的生命力和活力，这是一种独特的金融资本协同创新环境。根据大数据来源与使用过程，大数据发展下集群筹资可以总结为三种基本模式，分别是"自组织型"的大数据集群筹资模式，"链主约束型"的大数据集群筹资模式，以及"多核协作型"的大数据集群筹资模式。

## 二、大数据时代财务报告创新

财务报告是企业财务的最终产品，通过财务报告能够有效地获取企业的财务状况、经营成果、现金流量、股东权益变动等信息，帮助信息使用者做出正确的决策。随着大数据时代的深入，很多企业转型发展、改革和重组，大大提高了经营效益，改变了经营模式，因此，传统的财务报告难以满足快速变化的企业财务信息的需求。目前，企业应该认识到大数据时代传统财务报告面临的重大挑战，必须深化改革传统财务报告模式，重新审视财务报告的内容和流程，构建一种全新的适应大数据时代发展的财务报告模式。

### （一）大数据时代传统财务报告模式面临的挑战

传统的财务报告模式采用的是分期报告模式，分为年报和中报，以"四表一注"为主干，其中"四表"主要是指资产负债表、利润表、现金流量表和股东权益变动表，"一注"指的是财务报表附注。该种报告模式能够对资产、负债、利润和现金流量等财务信息进行确认并有效地反映经济信息，发挥其监督作用。但是，随着大数据时代的到来，人们对于财务信息的需求发生了重大变化，传统的财务报告模式受到巨大冲击。

1. 网络空间财务主体的多元化和不确定性

在大数据时代，出现了大量的网络公司或者运用互联网平台重新构建产业链的企业，在网络空间，企业经营业务灵活多变，因此网络里的虚拟公司业务随时产生，但随着业务的完成，虚拟公司也能随时消失，传统财务报告模式基于持续经营的假设，无法适应这种快速短暂的经营活动，使得传统的财务报告不能适应大数据时代的经济发展需求。

2. 大数据时代企业的周期变化

传统的财务报告基于企业持续经营的基础，但是互联网不仅加快了信息传播的速度，也缩短了企业的生产周期，加剧了企业经营活动的风险。在此种情况下，企业的利益相关者需要及时了解企业的相关经营状况，随时掌握有助于他们做出决策的信息。因此，传统的基于财务分期而进行的定期编制的财务报表无法跟上时代的发展要求。

3. 大数据时代财务信息的范围变化

随着互联网技术的发展，人类进入网络经济时代，信息使用者们需要获取企业更多的信息，但由于传统财务报告模式单一地使用货币计量下的财务信息，无法满足时代发展的需要。信息使用者期待通过财务报告获取更多有利的信息，既包括货币信息，也包括非货币信息，为他们的决策提供重要的参考意义，如企业外部环境、企业人力信息、企业地理环境等。因此，大数据时代的财务报告需要改善计量手段，扩充财务报告的信息容量，不断增加非货币信息，为信息使用者们提供更加全面系统的财务信息。

4. 大数据时代财务信息的及时性要求

财务的价值基于信息用户能及时获得财务信息的假设，如果财务信息获取不及时，那么财务信息也就没有价值可言。传统的财务报告模式主要是以中报、年报的形式提供财务信息，因此信息披露呈现间断性。在互联网时代，企业经营互动连续性不断增强，网络空间的经济交易更加容易产生，因此，交易活动的不断产生也促使财务信息连续不断地产生。随着互联网技术的发展，传统财务信息的及时性遭受严重的打击，无法满足信息用户的需求。

（二）大数据时代财务报告创新路径

1. 建设网上实时财务报告系统

在大数据时代，财务信息的集成难度不断增大。因此，企业应通过建设网上实时财务报告系统，建立企业的财务信息门户、财务信息中心、财务报表平台，实现财务信息的及时性、全面性、多样性，同时实现信息分析的便利性，并及时进行财务信息记录、更新等。

### 2. 构建交互式按需财务报告模式

在大数据时代，信息使用者的需求呈现多样化和共同性特征，通过网络系统构建交互式按需财务报告模式能够实现多种信息需求。交互式按需报告模式是向决策者适时地提供已按需编制好的或可按需加工的财务信息，旨在通过提供按需求编制的财务报告来满足不同使用者多样化的信息需求。交互式按需财务报告模式具备大数据时代下的灵活性特征，通过建设数据库和建立模块化的财务会计程序，通过报告生成器和系统反馈渠道，能够实现信息使用者和财务报告单位之间双向、快速、直接的沟通，共同完成实时报告，信息使用者主动积极地为报告单位提出改进报告系统的对策，能有效地改善信息不对称的状况。

### 3. 加强网络财务报告模式中的风险防控

在大数据时代，企业通过建立财务信息系统，实现实时财务报告系统，共享财务信息资源，实现交互式按需财务报告模式，但网络财务报告在网络空间的风险不可避免，如财务信息的泄密和网上黑客的攻击等。因此，企业应该注重网络财务报告模式中的风险防控，不断提高网络财务信息系统的安全防范能力。企业可以建立用户身份验证及权限管理控制制度、系统管理多重控制制度、业务申请处理流程控制制度、预算管理流程控制制度、内控制度实施情况的审计和检查制度等，适时采用防火墙技术、网络防毒、通信信息加密存储、身份认证、数字签名技术、隧道技术等进行风险防控。

总之，互联网在财务报告制度中发挥的作用日益凸显，更多的财务管理软件运用到企业财务管理之中，加速了财务报告模式的深度改革和创新。

大数据时代，传统的财务报告模式将逐渐消失，网络化的财务报告模式应运而生。因此，为掌握和应用新的财务报告模式，财务人员需要形成终身学习理念，主动学习新型的财务报告编制技能，构建计算机和财务知识相互融合的知识体系，以满足大数据时代的财务报告模式需求。

# 第三节　财务管理内部控制的创新

## 一、财务会计内部控制创新的路径

完善的财务会计内部控制体系是企业资产安全和真实的保障，有效的财务管理能够提高企业的市场竞争力，促进企业经营战略目标的实现。企业的经济发展核心围绕着资产和信息资料开展，虽然大部分企业的管理人员能够认识到企业财务管理及内部控制机制对于企业经济效益的好坏有着直接影响，认识到只有良性的财务会计工作循环才能提高企业经济效益、保障企业的长期发展，却并没有实际落实好此项工作。

（一）企业会计的财务管理及内部控制机制

会计财务工作是企业内部控制的重点，完善的企业会计财务管理及内部控制机制应当受制于控制原理、方针和流程，从而保障企业日常经营管理活动的有序进行。会计财务管理与内部控制将直接影响企业的发展情况。因此，企业应当立足于自身需求，从实际情况出发，开展有效的财务管理工作。这样不仅能够保障企业取得最大化的经济效益，还能够摆脱生产经营活动的制约，尽可能地规避财务问题出现。

（二）重视企业会计的财务管理及内部控制机制的有效性

资金是企业经济效益的直观体现。随着经济改革的发展，越来越多的人选择自主创业，有限的资源、短缺的人力成为企业创业初期的代名词，为了整合资源，有些企业会将财务管理工作与其他岗位工作合二为一，但是这种行为会造成企业运作的混乱，信息衔接不紧密，无法确保资金的正常流动，表面看似是在为公司节约资源，实则会造成不必要的资金浪费，阻碍企业的生存与发展。为了确保企业日常经营活动的顺利开展，使企业的资源得到充分的利用，降低经营成本，应当重视管理工作的有效性，使企业的经营活动通过真实准确的会计信息得以持续稳步增长，如此企业才能据此进行科学的决策，也才能促进企业健康持续的发展。

## 二、改善企业财务会计内部控制机制的创新措施

### （一）以科学创新为基础，正确认识管理控制制度的重要性

正确的管理理念是引导企业平稳发展的主要因素，企业管理人员不仅要以身作则遵守企业的规章制度，还应根据企业实际情况，不断完善和优化企业财务管理及内部控制机制，督促财务管理人员严格按照制度对企业经济行为进行监督和检查，在潜移默化中让大家意识到管理控制制度对企业良性发展的重要性，确保企业能够获得最大化的经济效益。

### （二）加强管理财务审核工作

企业的发展既是企业生存的价值体现，也是企业所不断追求的目标。为了创造一个良好的企业条件使生产经营活动能够顺利开展，必须要不断加强企业财务审核的管理工作，使财务管理与企业日常工作相融合，环环相扣，及时发现并解决财务工作中的不足之处。有效的财务审核不仅是发挥杜绝徇私舞弊的作用，还要发挥预警作用，时刻警示提醒工作人员保持客观正直，让各岗位工作人员能够明确自己的职责和权限。这样一方面可以为企业创造机遇和条件，提高企业的市场竞争力；另一方面也使得企业的财务管理水平得以提升。

### （三）加强培养财会人员的综合素养

企业应当经常组织财会人员学习培训，以巩固和更新财会人员的专业技能和综合素养，使他们能够在更高效地完成本职工作的同时，还能够利用专业为企业创造更多的价值。比如说，企业可以针对自身需求，与当地高校合作，有针对性地培养适合本企业发展的专业财会人员，经过考核后，择优录取，这样不仅能够满足企业的需求、解决学生的就业问题，也能够使学生更快更好地适应现代企业的发展要求。再者，薪资待遇是促进员工积极工作的原动力，如果他们消极地对待工作，那么十有八九是对薪资待遇不满。企业管理人员在不违背企业原则的情况下，可以适当地设置奖惩措施，奖励工作态度积极负责的员工，惩罚消极不

负责任的员工，这样不仅能够调动员工的工作热情，还能增强他们的工作责任感。

　　企业的发展必然离不开会计财务管理及内部控制机制，它对企业的重要性不言而喻，虽然此项工作开展起来并不是那么顺畅，但是机遇与挑战是并存的。对企业财务管理和内部控制方面的工作越重视，企业就越能及时地发现问题并做出正确的调整，这对企业的持续、长远发展也是一种规范性的保障。

# 参考文献

[1] 曹锋，郑爱民. 互联网背景下财务管理创新研究［M］. 沈阳：辽宁大学出版社，2021.

[2] 曾卷. 企业财务管理的创新研究［J］. 管理学家，2022（15）：28－30.

[3] 陈凤丽，高莉，占英春. 财务管理与金融创新［M］. 长春：吉林出版集团股份有限公司，2018.

[4] 陈艳霞. 浅谈企业财务管理创新［J］. 新丝路（上旬），2020（5）：66.

[5] 崔彬. 财务管理与审计创新研究［M］. 北京：中国原子能出版社，2020.

[6] 高佐庭，刘琼. 国有企业智慧财务管理及创新探讨［J］. 中文科技期刊数据库（全文版）经济管理，2022（1）：45－47.

[7] 耿本超. 浅析企业金融工程与财务管理创新［J］. 市场周刊（理论版），2021（24）：30－31.

[8] 胡娜. 现代企业财务管理与金融创新研究［M］. 长春：吉林人民出版社，2020.

[9] 寇改红，于新茹. 现代企业财务管理与创新发展研究［M］. 长春：吉林人民出版社，2022.

[10] 赖水平. 企业财务与管理创新［M］. 北京：中国商务出版社，2019.

[11] 李成文. 民营中小企业财务管理创新研究［M］. 成都：西南交通大学出版社，2018.

[12] 李凤楠. "互联网＋"时代下财务管理创新思考［J］. 现代商业，2022（16）：120－122.

[13] 李汉漫. 互联网公司财务管理创新研究 [J]. 经营者，2022（3）：166－168.

[14] 李俊秀. 企业财务管理的转型与创新研究 [M]. 昆明：云南人民出版社，2019. 07.

[15] 李柯逸. "互联网＋"时代财务管理的创新 [J]. 休闲，2020（33）：120.

[16] 李岚. 电子商务环境下的财务管理模式创新与案例分析 [M]. 北京：中国商务出版社，2018.

[17] 李启松. 数字经济与企业财务管理创新探究 [J]. 中外企业家，2022（26）：7－9.

[18] 李荣. 知识经济时代的财务管理创新 [J]. 中国民商，2022（7）：146－148.

[19] 刘丹. 中小企业财务管理创新与探索 [J]. 现代经济信息，2021（24）：92－93.

[20] 刘秀虹. 大数据时代的银行财务管理创新 [J]. 管理学家，2022（23）：64－66.

[21] 满莉. 财务共享模式下的财务管理创新 [J]. 知识经济，2022（3）：72－73.

[22] 孟静华. 企业财务管理创新研究 [M]. 长春：吉林文史出版社，2021.

[23] 倪向丽. 财务管理与会计实践创新艺术 [M]. 北京：中国商务出版社，2018.

[24] 沙亦鹏，叶明海，王伟榕. 万众创新时代下的企业创新与财务管理 [M]. 上海：同济大学出版社，2019.

[25] 邵华清，徐晓方，许晓璐. 现代企业财务管理创新与资本运营 [M]. 长春：吉林出版集团股份有限公司，2021.

[26] 苏海飞. 企业财务管理创新影响因素研究 [J]. 财讯，2022（2）：145－147.

［27］王月琳，孙春菊. 大数据下企业财务管理的创新［J］. 现代经济信息，2021（26）：87－88.

［28］吴春瑜. 大数据时代下财务管理的创新［J］. 时代商家，2021（30）：39－40.

［29］徐丽君. 财务管理与创新［M］. 长春：吉林大学出版社，2015. 07.

［30］薛祥芳. 大数据时代的财务管理创新［J］. 首席财务官，2022（2）：206－208.

［31］杨林霞，刘晓晖. 中小企业财务管理创新研究与改革［M］. 长春：吉林人民出版社，2019.

［32］杨燕. "互联网＋"时代企业财务管理创新［J］. 财会学习，2022（20）：1－3.

［33］叶怡雄. 企业财务管理创新实践［M］. 北京：九州出版社，2021.

［34］殷燕. 物联网时代财务管理的创新与发展探究［J］. 市场周刊，2022（11）：171－173，190.

［35］俞雯. 企业财务管理创新研究［J］. 中国民商，2020（12）：179，181.

［36］袁志伟. 企业财务管理创新［J］. 中外企业家，2020（25）：36.

［37］张晓哲，张海静，陆凯. 财务管理与金融创新［M］. 北京：中国纺织出版社，2018.

［38］郑来鹏. 我国大型制造企业财务管理的创新［J］. 消费导刊，2021（31）：216.

［39］朱德龙，冯骁，邓柯，等. 财务管理创新与信息化研究［M］. 延吉：延边大学出版社，2018.